FERRET - 1972

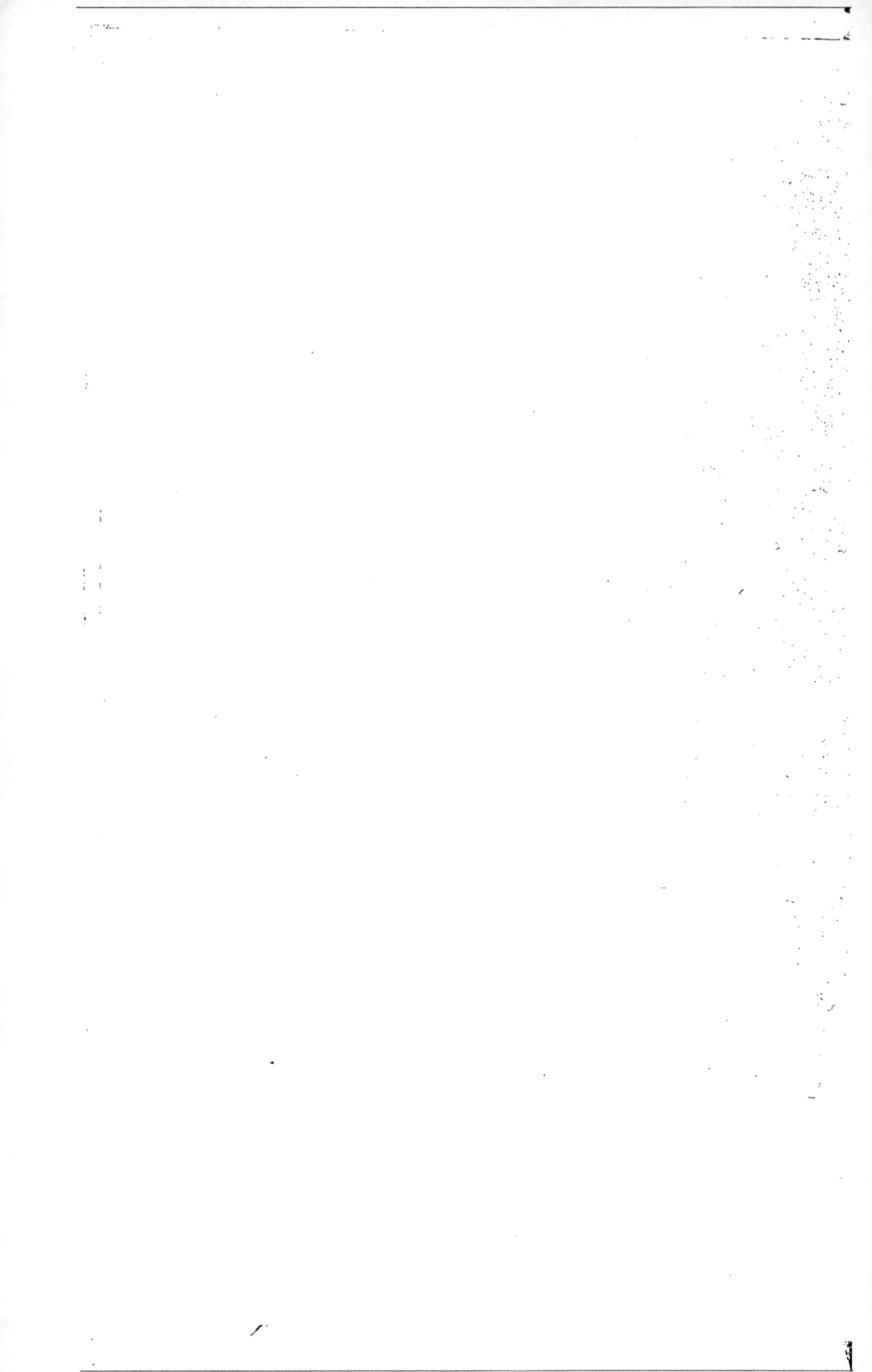

ENTRETIEN FAMILIER

DE

L'ÉTUDE DU LANGAGE

NOUVEAU

SYSTÈME D'ENSEIGNEMENT

SUPPRESSION DE LA RÈGLE

OU ACCORD DES PARTICIPES

Par Alphonse GUYOT

PROPRIÉTAIRE A GYE-SUR-SEINE (AUBE)

Lis! Lis encore!! Lis toujours!!!
Le fonds est inépuisable.

BAR-SUR-SEINE

TYPOGRAPHIE ET LITHOGRAPHIE SAILLARD

1874

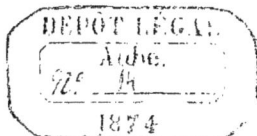

ENTRETIEN FAMILIER

SUR

L'ÉTUDE DU LANGAGE

COMPLÉMENT NÉCESSAIRE

A TOUT AGE

D'UNE ÉDUCATION SÉRIEUSE

Indispensable au Corps enseignant

Par Alphonse GUYOT

PROPRIÉTAIRE A GYÉ-SUR-SEINE (AUBE)

Lis! Lis encore!! Lis toujours!!
Le fonds est inépuisable.....

BAR-SUR-SEINE

TYPOGRAPHIE ET LITHOGRAPHIE SAILLARD

—

1873

©

A MONSIEUR LE PRÉSIDENT

DE LA RÉPUBLIQUE FRANÇAISE

Si, durant les sept années de gouvernement assurées à Monsieur le Maréchal de MAC-MAHON, Duc de Magenta, comme Président de la République française, la Réforme contenue dans cet Ouvrage venait à se réaliser sous ses auspices, ce règne, presque éphémère, pourrait devenir supérieur au plus grand règne, au règne le plus glorieux du plus puissant monarque, en ce que son action bienfaisante s'étendrait au-delà de nos limites sur l'humanité tout entière et serait éternelle.

Plein d'espérance, malgré ma vieillesse avancée,

J'ai l'honneur d'être,

De Monsieur le Président de la République française,

Le très-humble et très-obéissant serviteur,

A. GUYOT.

PÉTITION

A L'ASSEMBLÉE NATIONALE

Singulière position que celle d'un pétitionnaire empêché d'exposer les motifs de sa demande !

Comment résumer publiquement l'état dans lequel nous a mis l'instruction que nous avons reçu ?

Comment prévenir les pères de famille des résultats certains de sacrifices énormes faits pour l'éducation de leurs enfants ?

Comment parler, en présence de nos adversaires, de la condition intellectuelle du peuple qui se dit le plus spirituel de l'univers ?

Tout cela est impossible sans provoquer la confusion des uns, le mécontentement des autres, et les railleries de tous.

Il faudra donc examiner les motifs de notre demande, à part soi, dans le livre qui en fait l'objet, dont j'ai l'honneur de faire hommage à l'Assemblée nationale, en la personne de son Président, M. BUFFET, prêt à en adresser un exemplaire à chacun des Membres de cette Assemblée.

Ma demande tend à l'adoption de ce livre, intitulé :

Entretien familier sur l'Etude du Langage,

comme base d'enseignement, et à son renvoi devant Monsieur le Ministre de l'Instruction publique, pour fixer les détails que devra comporter l'extrait de ce livre destiné au remplacement de la Grammaire.

Que si ma demande n'était pas accueillie favorablement, tous les hommes sont frères, des esprits moins préoccupés de combinaisons politiques pourront s'emparer de l'idée, et elle ne nous reviendra qu'après avoir donné à nos adversaires la supériorité sur nous ; il faudra dire alors :

C'est du Nord aujourd'hui que nous vient la lumière.

J'ai l'honneur d'être,

Messieurs les Députés,

Avec le plus profond respect,

Votre très-humble et très-obéissant serviteur,

A. GUYOT.

A MONSIEUR LE MINISTRE

DE L'INSTRUCTION PUBLIQUE

—⁓✦⁓—

Monsieur le Ministre,

Vous n'avez plus de Professeurs de Langage ; que diraient ces Messieurs, dans leurs chaires, qui ne soit à l'avance contredit ?

Le jour où Galilée a fait sa découverte, il n'y avait plus virtuellement de Professeurs d'Astronomie.

Du moment où ce livre fait connaître la mienne, il n'y a plus virtuellement de Professeurs de Langage.

C'est vous dire, Monsieur le Ministre, qu'il est urgent d'aviser.

Une Commission universitaire, à laquelle je pourrais être joint, aurait bien vite élaboré le livre nécessaire à l'établissement des vrais principes du Langage, mis à la portée de la jeunesse et remplaçant la Grammaire.

Voyez à devancer les décisions de l'Assemblée nationale, ou à les laisser venir ; je suis à vos ordres.

J'ai l'honneur d'être,

Monsieur le Ministre,

Avec un profond respect,

Votre très-humble et très-obéissant serviteur,

A. GUYOT.

ENTRETIEN FAMILIER SUR L'ÉTUDE DU LANGAGE

NOUVEAU
SYSTÈME D'ENSEIGNEMENT
SUPPRESSION DE LA RÈGLE
OU ACCORD DES PARTICIPES

Anathêmes ceux qui, après avoir lu,
feraient toujours cet accord.

MESSIEURS,

Donner un million de volumes paraît difficile même pour la richesse.

Prêter mille fois chacun mille volumes donne à peu près le même résultat, et peut sembler facile même à ma pauvreté.

C'est à ce titre que j'ai l'honneur de vous adresser en communication cet ouvrage. Je vous prie de me le retourner après l'avoir lu. Si sa lecture ne vous a pas paru mériter l'affranchissement, je vous prie de le remettre en mon nom à qui pourrait penser autrement ; si, au contraire, vous désiriez le conserver, vous pourrez m'en adresser le prix. Si, enfin, vous conserviez ma brochure sans remplir aucune de ces trois conditions, je vous affranchis de tout scrupule à cet égard.

Voici le problème : les paiements couvriront-ils les frais d'envoi ? J'enverrai l'ouvrage à mesure que ces frais seront couverts ; propager l'instruction est mon seul but ; vous pouvez m'aider à l'atteindre.

Prix : 2 fr. en mandat ou timbres, (AFFRANCHIR.)

GUYOT-LUCRON, à Gyé-sur-Seine (Aube).

PRÉFACE

On enseigne encore le langage, à la fin du dix-neuvième siècle, comme autrefois on enseignait l'astronomie.

La terre était le centre immobile de l'univers ; tous les corps sidéraux, sans distinction, enchâssés dans des couches étagées de cristal, tournaient autour d'elle ; le soleil pour l'échauffer et l'éclairer pendant le jour, tous les autres astres pour son plaisir pendant les belles nuits étoilées...

Et vidit quod esset bonum !

C'était le rêve : « et tous s'agenouillaient autour de moi pour m'adorer. »

Un beau jour il se trouva que la terre tourne sur elle-même et circule dans un tout petit coin de l'espace.

Les cristaux ont fondu, le rêve s'est évanoui, la vérité l'a remplacé.

Il a fallu, rentrant dans la réalité, se chauffer et s'éclairer, en compagnie mêlée, au même foyer que, déjà, cent trente autres planètes dont la plus considérable n'est pas la terre, à beaucoup près.

Cependant ils avaient dit : le Maître a parlé.

Nous disons, nous, ils avaient fait parler le Maître, car s'il eût jamais parlé, le Maître ne se serait pas trompé et n'aurait trompé personne.

Ils ne se sont pourtant pas tenus pour battus ; ils ont traîné le Voyant devant leur tribunal, et naturellement ils l'ont condamné. Il avait porté atteinte à l'honneur et à la considération de la terre, il l'avait diffamée. — C'était la vérité. — Qu'importe à ces gens là ?

Quel rapport votre histoire de l'astronomie peut-elle avoir avec l'étude du langage ?

Voici : ceux-là même qui, de leur autorité privée, avaient constitué notre planète souveraine de tout l'univers, avaient encore élevé l'homme plus haut sur l'échelle de la création ; suivant eux, le Maître s'était recueilli, l'avait remis pour la fin comme devant être son plus bel ouvrage, et le sixième jour l'avait créé... à son image...

Et vidit quod esset bonum. — C'est la marque de fabrique.

Ceux-là, toujours les mêmes, redoutent, dans l'enseignement du langage dont ils se sont emparés pour l'obscurcir, un Voyant qui, comme le premier, découvrirait la supercherie et chasserait l'ignorance, base de leur fortune.

Voudriez-vous dire par là que vous avez aussi découvert une vérité qui serait un principe fixe pour établir les règles du langage ?

Je n'ai rien découvert du tout ; je vais seulement vous exposer des vérités dont chacun a conscience, que chacun peut vérifier, et que tous ont la volonté d'entendre, et, si après l'exposition de cette vérité sur le principe du langage on me condamnait encore à faire amende honorable, je dirais comme Galilée, tournant le dos à ses juges : *è pur si muove.* C'est pourtant la vérité.

AVANT-PROPOS

D. — Vous sortez du Lycée où, pendant trois années, vous avez suivi les cours de français ; vos succès sont attestés par des prix nombreux obtenus chaque année ; vos parents me l'ont appris et m'ont prié de constater, par un entretien familier avec vous, la valeur de ces prix, je veux dire le degré de vos connaissances acquises sur les principes et les règles du langage..

Êtes-vous disposé à subir cette épreuve ?

R. — Je me soumettrai bien volontiers à cet examen dont je compte bien sortir sans trop de désavantage.

D. — J'aime cette réponse qui marque la bonne volonté et la confiance en soi ; elle est de votre âge. Je ne chercherai point à vous embarrasser, et, quoique le chemin qu'on vous a fait suivre ne me paraisse pas être le bon chemin, nous allons le reprendre pour vous donner toute facilité.

Qu'est-ce que la grammaire ?

R. — Le mot grammaire est un nom ou substantif qui désigne une chose, puisqu'il ne désigne ni un homme, ni un animal, ni un être quelconque.

D. — C'est, pour commencer, très-bien raisonné ; mais je vous demande quelle est la chose désignée par le mot grammaire ?

R. — La chose désignée par le mot grammaire est en général l'ensemble des principes du langage formulés dans les ouvrages auxquels il sert de titre, et en particulier la grammaire est l'art de parler et d'écrire correctement.

D. — Votre assurance de tout-à-l'heure me semble on ne peut mieux justifiée, et l'on ne peut pas mieux présenter... des paradoxes.

N'avez-vous aucune autre remarque à faire à l'occasion du mot grammaire?

R. Aucune.

D. — Je vais vous en faire plusieurs pour lesquelles je réclame votre plus grande attention :

Dans le langage les mots désignent les objets et leurs différentes parties, formes, couleurs, actions et positions, l'œil les recueille, ce sont des causes ;

Les mots désignent encore les bruits et sons, effets inconscients de ces causes, et les cris simples ou composés leurs effets spontanés, l'oreille les recueille ;

Les mots désignent les senteurs et les odeurs, effets inconscients des mêmes causes, l'odorat les recueille.

Les résultats de ces trois opérations des sens transmis au cerveau s'y concentrent en une image qui constitue la mémoire — PREMIÈRE PARTIE.

Cette image observée, examinée et jugée favorablement ou défavorablement laisse au cerveau une empreinte attractive pour l'objet si le jugement lui est favorable, répulsive si le jugement lui est défavorable, et cette empreinte, qui est le pendant de l'image fixée dans la première partie, constitue le sentiment — DEUXIÈME PARTIE.

Ce sentiment raisonné, calculé, expérimenté, appelle une satisfaction qui ne lui est pas refusée et qui résulte de ces raisonnement, calcul et expérience, clos comme une discussion par le sentiment final, fixé au cerveau sous forme de conscience, puissance et volonté — TROISIÈME PARTIE.

Les principes des ordres donnés aux organes sont les formes de l'organisme; l'emploi de ces formes est une qualité, et le résultat de cet emploi est une action qui ne peut s'exécuter que sous l'impulsion de la pensée, sans l'ordre de laquelle un seul mouvement, le plus petit, ne peut s'effectuer — SANCTION DES TROIS PARTIES.

Vous venez de voir, d'une façon générale, la source de tous les mots du langage, et je vous demande maintenant à quelle catégorie de ces mots appartient le mot grammaire ?

R. — Je n'ai jamais entendu dire un mot, un seul mot de toutes ces parties du discours, et, pris à l'improviste, je ne sais en vérité que vous répondre.

D. — Je vais vous aider. Vous avez remarqué dans le langage plusieurs mots qui ressemblent au mot grammaire : c'est grammairien, grammatical et grammaticalement. Tous ces mots sont un seul et même mot au fond :

La grammaire fait partie de la constitution de l'homme qui la possède ;

Le grammairien est l'homme dont fait partie cette constitution ;

Grammaticalement est le passage de cette partie de la constitution de l'homme dans ses actions, et grammatical est la qualification de ses œuvres.

L'unité de la valeur de tous ces mots n'est pas contestable, ils ne diffèrent dans la forme que pour désigner les parties du même objet auxquelles ils s'appliquent.

Je vous demande de nouveau quelle est celle des parties du langage que désigne le mot grammaire ?

R. — Si les mots dont vous venez de parler n'en font qu'un seul, je crois pouvoir vous dire que le mot grammaire est un adjectif qualificatif devant lequel on peut mettre, suivant la formule indiquée pour cette reconnaissance, le mot personne : une personne grammairienne.

D. — Je savais bien qu'il ne fallait que vous mettre sur la voie et que vous trouveriez la solution ; mais rappelez-vous que les formules ne sont pas un bon moyen. J'aurais bien une formule à vous donner pour reconnaître les qualités, qui consiste à rechercher les trois mots qui composent leur unité : sobriété, sobre, sobrement ; propreté, propre, proprement ; ce moyen n'est pas infaillible; deux autres natures de mots : le jugement et le sentiment ont dans le langage les mêmes déviations.

J'aime mieux une définition claire et nette du mot qualité, la voici :

La qualité est fille de la forme et mère de l'action.

Pourriez-vous faire l'application de cette définition au mot grammaire ?

R. — Je ne suis pas bien préparé pour répondre à semblable question, cependant, en y réfléchissant et d'après ce que vous venez de me dire, je serais porté à penser que la qualité grammaire est fille des formes de la voix et de la main mère des actions parler et écrire, parole et écriture.

D. — C'est on ne peut mieux dit; voyez comme déjà vous êtes prudent dans vos réponses : « Je serais porté à penser. » J'espère bien que vous allez de vous-même reconnaître la fausseté de votre définition du mot grammaire : « Art de parler et d'écrire correctement. »

R. — Il m'est bien difficile de me rendre sans combat; l'Académie, l'Université, les savants ont admis cette définition, à laquelle je suis habitué, qui m'a toujours paru plausible, sur laquelle votre définition, à vous, peut bien jeter un doute, mais un doute contre lequel je suis encore en garde ; songez-donc ! un contre tous.

D. — Je respecte vos scrupules, mais, sans violence, je vais vous les arracher :

La grammaire est donc, comme nous venons de le voir, une qualité.

L'art est également une qualité (art, artiste, artistement) fille à la fois de la forme de la pensée qui s'appelle conception, et de la forme organique de la main, mère des actions sculpter une statue, ou peindre un tableau, et appartient à l'homme, artiste dans l'un ou l'autre de ces genres.

La correction du style est encore une qualité (correction, correct, correctement) fille de la forme de la pensée, imagination, et mère de l'action composer correctement un ouvrage.

Comment donc des qualités qui n'ont rien de commun

entre elles, qui, chacune à part, ont leur raison d'être, qui appartiennent chacune à un être différent, pourraient-elles servir, les deux dernières, à la définition de la première ; il faudrait pour cela que les deux premières pussent servir à la définition de la dernière. Cela n'est pas admissible, votre définition est un contre-sens ; le comprenez-vous ?

R. — Je suis bien près de le comprendre, mais le respect dû aux autorités dont je viens de parler, laisse encore un léger bandeau sur mon intelligence.

D.— Vos autorités et vos sentiments sont respectables, ce n'est pas moi qui vous enseignerai l'ingratitude ; vos autorités ont été les premières victimes d'un piége tendu depuis beaucoup de siècles, depuis le temps où l'on disait : *et vidit quod esset bonum*, vous savez, la marque de fabrique ; donc, elles sont hors de cause, et maintenant je vais arracher le bandeau, dernier obstacle à ce que la vérité vous apparaisse :

L'enseignement du langage se fait aujourd'hui en l'absence de tout principe. Pour la forme, on en a copié quelques-uns chez les anciens, on les a mal copiés.

Les anciens avaient dit :

La grammaire est l'art du bien parlant (*ars bene loquendi*).

Ils ont traduit :

La grammaire est l'art de bien parler (*ars bene loqui*).

Les anciens avaient dit :

La grammaire est l'art du bien écrivant (*ars bene scribendi*).

Ils ont traduit :

La grammaire est l'art de bien écrire (*ars bene scribere*).

Les anciens avaient dit :

La réthorique est l'art du bien disant (*ars bene dicendi*).

Ils ont traduit :

La réthorique est l'art de bien dire (*ars bene dicere*).

Contre-sens absolu qui transporte à l'action ce qui appartient à l'acteur.

Source malheureuse de tous les contre-sens que je vais

avoir à vous signaler dans l'enseignement que vous avez reçu.

Croyez-vous maintenant à ce contre-sens ?

R. — Il saute aux yeux, après la manière dont vous me l'avez expliqué ; mais, quoique l'insistance que vous y mettez me donne une appréhension vague, je ne vois pas bien comment un contre-sens, qui me paraît bien inoffensif, pourrait avoir de si graves conséquences ; j'attends vos explications.

D. — Il y a dans notre organisme un moule où le langage a été coulé comme un métal en fusion. Tout ce qui se trouve en creux dans l'un se retrouve en relief dans l'autre, de manière que pas une partie du moule ne peut rester ignorée quand on regarde bien la chose moulée. Cet examen, cette constatation n'offre pas la plus petite difficulté. On voit le moule à travers le langage comme on voit un objet mis en pleine lumière à travers une gaze quand on le regarde avec attention. Chose incroyable ! des gens se sont offusqués de cette simplicité, ils ont confisqué le moule, ou plutôt, ne pouvant le confisquer, ils l'ont recouvert de l'enveloppe imperméable du silence qu'ils ont fait autour de lui, enveloppe qu'ils ont recouverte d'un masque, et ce masque est le mot grammaire auquel ils font faire toutes les grimaces imaginables, d'où ils prétendent tirer tous les principes et toutes les règles du langage *à leur usage*.

N'est-ce pas ainsi qu'on vous a présenté le mot grammaire sans jamais vous parler du moule en question ?

R. — En effet, on ne m'a jamais parlé d'autre chose que des principes de la grammaire ; mais j'y réfléchis, est-ce que le contre-sens dont vous m'avez parlé serait intentionnel ?

D. — Certainement, ils était intentionnel. Ils n'étaient pas assez ignorants pour traduire à contre-sens une phrase aussi simple ; pour confondre l'action dire, avec l'acteur disant. Que voulez-vous ? tous les législateurs de l'antiquité se sont imaginé que l'on ne pouvait conduire les peuples qu'avec l'ignorance et la superstition, et Moïse rapportait les tables du milieu des tonnerres et des éclairs. On dirait que nous ne sommes pas bien éloignés de ces temps.

Est-ce que d'après mes questions vous ne pressentiez pas cette conclusion?

R. — J'en avais comme une vague appréhension, je vous l'ai dit; mais comment supposer que l'élite des intelligences, ceux qui ont charge d'instruire aient voulu tromper mon enfance, abuser de ma jeunesse, obscurcir mon intelligence? car, je le vois maintenant, une simple explication sur le premier mot qu'ils ont mis sous mes yeux, me fait déjà voir que tout est faux dans la prétendue science qu'ils devaient me faire connaître. C'est affreux!

D. — Voilà bien la jeunesse! elle passe d'un excès de confiance à un excès de découragement. Ne vous ai-je pas dit que le mal n'était point imputable au temps présent et qu'il remontait bien haut, et d'ailleurs, où est le grand mal? vous n'en connaissez pas moins l'orthographe. Quand Galilée a découvert le mouvement de la terre, rien n'a été changé dans la marche de l'univers, on a seulement révisé les faux principes, et il n'en est résulté qu'une grande satisfaction intellectuelle. Si les idées que j'ai à vous soumettre ont quelque valeur, on changera les faux principes, et la même satisfaction s'ensuivra, mais sans beaucoup changer le fond des choses.

Etes-vous toujours disposé à reprendre la suite de notre examen du mot grammaire?

R. — Je ne le pourrais pas, cette révélation d'un complot contre l'enfance, malgré son antiquité, m'enlèverait tout moyen de répondre à vos questions, certain que je serais de ne faire que des contre-sens dans mes réponses; je vais, au contraire, vous supplier de changer de rôle, et quand vous m'aurez indiqué une première base de l'étude du langage, de me permettre les questions qui pourraient éclaircir mes doutes par les réponses que vous y feriez.

D. — J'y consens volontiers, d'autant plus qu'avec votre intelligence exercée, sinon éclairée, au moyen du rapprochement du moule avec la partie moulée, vous aurez bientôt réparé tout le mal dont vous croiriez avoir à vous plaindre.

Je ne veux pourtant pas laisser sans conclusion l'examen du mot grammaire et je vais l'achever sans votre concours.

Nous venons de voir d'où procède cette qualité, il faut connaître ses conséquences.

Cette qualité, comme toutes les bonnes qualités, emporte l'éloge et la récompense de celui qui la possède; on dit de lui :

Il possède bien sa grammaire.—C'est son diplôme.

Il est bon grammairien, ou sa phrase est grammaticale.— C'est sa décoration.

Il parle grammaticalement.— C'est la justification des titres qu'on lui donne.

Exactement comme la société quand elle récompense une action d'éclat. Brevet ou diplôme, décoration ou croix d'honneur, mise à l'officiel ou justification des titres à cette distinction.

Comment donc, si ces effets indiscutables de la qualité grammaire existent réellement, peut-on employer ce mot comme titre des ouvrages sur l'enseignement du langage?

C'est dire : Eloge et récompense de l'auteur (il se décerne l'un et l'autre); ou bien c'est dire : éloge et récompense de l'élève (qui n'y comprendra rien).

Ils disent évidemment autre chose que ce qu'ils veulent dire, contre-sens; et ce contre-sens me fait l'effet d'un objet specimen placé, chez le marchand, sur un paquet fermé; vous ouvrez le paquet et vous n'y trouvez que des objets semblables à celui de la *montre;* vous ouvrez leurs livres et vous n'y trouvez également que des contre-sens semblables au premier, sinon pires.

R. — Je vous remercie de m'avoir évité la fin du calice et je compte bien sur la promesse que vous m'avez faite pour me réhabiliter à mes propres yeux.

ÉTUDE DU LANGAGE

DANS SES

RAPPORTS AVEC L'ENFANCE

———◁◦◦◦◦◦▷———

D. — Avant d'en étudier les principes et les règles, ne faut-il pas d'abord connaître le langage ?

R. — En effet, le langage étant, pour une partie, le moyen de faire connaître ses besoins, et les besoins commençant avec la vie, on essaie déjà le langage dans les rapports de l'enfant avec la nourrice, dès le berceau; l'enfant et les besoins grandissant, le langage s'apprend insensiblement, et il est connu de l'enfant dans une certaine mesure quand le développement de ses facultés intellectuelles, toujours proportionnel à celui de ses organes, lui permet de se livrer à l'étude, qui n'a plus qu'à rectifier, à compléter un langage mal et incomplétement appris.

On voit de suite la nécessité d'une solide instruction pour les femmes, premières institutrices de l'enfance.

D. — Quels sont les moyens de rectifier, de compléter un langage mal et incomplétement appris ?

R. — Vous avez commencé à apprendre le langage avec les gens de la maison, avec les enfants de votre âge, avec les premiers venus; il vous faudra maintenant des exemples plus choisis; ce sont les bons livres; vous y observerez les mots, vous verrez comment ils s'écrivent; c'est, avec des exercices de dictée, le seul moyen de connaître l'orthographe des mots; vous y observerez les phrases, vous verrez leur agencement; c'est, toujours avec les dictées, le moyen d'en faire de semblables; vous lirez des discours et vous verrez comment on présente à l'auditoire un ensemble de pensées qu'on veut lui faire partager.

En un mot, le langage est une science d'imitation absolue à laquelle on ajoute, de temps en temps, quelques traits originaux, qu'admet ou rejette l'usage, souverain absolu en cette matière.

Et, quand dans les détails la valeur d'un mot vous fait défaut, ou quand son orthographe vous échappe, allez au dictionnaire, il ne se lasse jamais de répondre à ceux qui l'interrogent avec le désir d'apprendre.

D. — A ce compte, on pourrait apprendre, presque seul, les principes et les règles du langage; un bon instituteur pour les rudiments, une bonne bibliothèque communale pour les exemples, de bons dictionnaires pour les recherches pourraient suffire aux enfants studieux?

R. — Vous avez parfaitement déduit les conséquences de ce que je viens de vous dire, et s'il ne s'agissait que des principes de grammaire que l'on enseigne dans les lycées, colléges et pensions, je vous dirais : fuyez-les; mais on y trouve l'émulation, les livres, les dictionnaires, un usage constant du langage dans des exercices en commun, un emploi surveillé du temps. Ajoutez à cela les autres branches d'enseignement et vous reconnaîtrez que les études en commun font marcher plus rapidement l'éducation que l'étude isolée, abstraction faite des faux principes que vous rencontreriez partout ailleurs, aussi bien dans les livres que chez les maîtres.

D. — Je n'avais pu maîtriser un premier moment d'émotion, mais me voici maintenant tout-à-fait consolé de mes trois ans passés au lycée; je n'en compte pas moins sur vous et, sans me faire flatteur, j'espère la naissance d'un nouvel ordre de choses.

R. — Vous y contribuerez; nous allons voir ensemble la physiologie anatomique de la pensée, et, corrélation nécessaire, l'anatomie physiologique des organes.

REMARQUE.

On peut donc apprendre le langage seul. C'est la réponse anticipée à ceux qui vanteraient leur système qui a produit des hommes capables, des hommes éminents, des hommes de génie même. Si nous prouvons que le système est faux, leur existence prouve leur force de résistance à un régime délétère.

De la pensée.

D. — Vous avez dit que le langage était, pour une partie, le moyen de faire connaître ses besoins; qu'est-ce donc que le langage dans un sens plus général?

R. — Le langage est la traduction fidèle, exacte, et pour ainsi dire littérale de la pensée; il est dès lors impossible, de toute impossibilité de dire un mot, un seul mot de l'enseignement du langage sans faire connaître la pensée qui est son principe: pour dire que l'on connaît le langage, il faut pouvoir rapprocher chaque mot de chacune des fonctions de la pensée, de manière qu'il y trouve sa place, sa valeur et son explication.

D. — Qu'est-ce donc que la pensée?

R. — La pensée est le moi de l'individu qui pense, c'est son action, c'est sa vie.

Ayant pour organe le cerveau, exactement comme la vue a l'œil pour organe, inséparable du cerveau, exactement comme la vue est inséparable de l'œil. Elle est placée au sommet de l'organisme, dans une position fortifiée, inaccessible de toutes parts, autrement que par les sens, pour veiller et pourvoir à la conservation de son organisme, à la satisfaction de ses besoins, à son agrément et à ses plaisirs.

D. — Comment la pensée, renfermée dans une espèce de citadelle inaccessible, où elle ne peut se mouvoir, remplira-t-elle la tâche multiple que vous lui assignez?

R. — Elle a des serviteurs fidèles, gardiens incorruptibles de la place, qui ne laissent rien passer devant eux sans lui en faire un rapport exact et complet.

L'œil lui rapporte tout ce qu'il peut voir des objets, formes, couleurs, actions et positions; ce sont des causes.

L'oreille lui rapporte ce qu'elle peut entendre des objets, les bruits et les sons, effets inconscients des causes, les cris simples et les cris composés, effets spontanés des mêmes causes.

L'odorat lui rapporte ce qu'il peut sentir des objets,

les senteurs et les odeurs, effets insconscients des mêmes causes.

De manière que chacun de nos trois sens offre toujours à la pensée un problème différent à résoudre : l'œil présentant les causes, il faut en rechercher les effets ; les deux autres présentant des effets, il faut en rechercher les causes.

Effets qui se multiplient à l'infini dans les substances ; causes qui se dérobent à l'infini dans les abstractions que la pensée découvre nécessairement ou crée, ou suppose.

D. — Vous ne parlez dans les rapports des sens que des objets, il serait peut-être bon, avant d'aller plus loin, de savoir exactement ce que c'est qu'un objet.

R. — Tout ce que l'œil peut voir, l'oreille entendre, l'odorat sentir est un objet ou procède d'un objet, et rien, absolument rien de ce qui ne remplit pas ces conditions ou l'une de ces conditions ne peut pénétrer dans la pensée, qui n'a que ces trois portes ouvertes.

Disons de suite que le mot chose, souvent confondu avec le mot objet, se reconnaît à des signes opposés et qu'il ne s'applique qu'aux opérations de la pensée, qu'on ne peut voir, entendre ni sentir.

Disons encore que le mot chose est un mot sans consistance, une espèce de tic qu'on peut retrancher de toutes les parties du langage où il est employé sans dommage pour leur signification, au contraire.

Tuer un homme est chose horrible.—Tuer un homme est horrible. — Comparez.

Disons encore que si l'on peut, malheureusement, employer le mot chose à l'égard des objets, c'est quand dans ces objets on a principalement en vue les opérations de la pensée qui ont présidé à leur confection.

L'horloge de la Bourse, ce tableau sont de belles choses.

J'aimerais mieux : sont de belles conceptions.

D. — En parlant de l'odorat, vous lui avez attribué la perception des senteurs et des odeurs ; quelle est donc la différence entre ces deux mots ?

R. — Les senteurs viennent de mille odeurs mêlées et confondues. — La prairie, composée d'herbes différentes, exhale les odeurs de toutes à la fois, ce qui constitue les senteurs; tandis que chaque brin d'herbe exhale l'odeur qui lui est propre.

Cela m'amène à vous dire que la vue se met en activité par le verbe voir; que l'ouïe se met en activité par le verbe ouïr; et que l'odorat, qui devrait se mettre en activité par le verbe odorer, ne rencontre pas ce verbe, presque complétement inusité dans le langage. Nous n'avons donc que le mot senteur pour racine du mot sentir, qui fait la mise en activité de l'odorat. — Cela donne à votre question une grande importance, — car un sens tient une très-grande place dans la pensée, et le bien définir est essentiel.

D. — La définition des mots substance et abstraction, dont vous avez parlé, ne serait-elle pas encore utile avant d'entrer dans les définitions des différentes parties de la pensée?

R.—Puisqu'ils étaient indiqués, leur tour devait venir, il est arrivé.

La substance est l'effet caché d'une cause que l'on connaît.

L'abstraction est la cause cachée de l'effet que l'on connaît

Le bloc de marbre, objet, est une cause connue; une belle statue est en substance dans ce bloc, c'est à la pensée et à la main du sculpteur de l'en faire sortir.

Les volcans sont des effets connus, la pensée en recherche les causes cachées.

Quand la pensée a résolu les problèmes qui lui sont ainsi posés, les substances et les abstractions disparaissent. La statue faite devient un objet; les causes des volcans trouvées sont nécessairement des objets; et quand la cause d'effets connus est introuvable, la pensée la personnifie, la suppose, car pour elle un effet sans cause est littéralement inadmissible;—aussi bien que ce qui ne frappe pas les sens.

C'est dans la découverte des parties cachées, substances ou abstractions, que le but de la pensée, conservation de l'individu et satisfaction de ses besoins, doit trouver son accomplissement.

Vous entendez le cri d'un animal, n'importe-t-il pas à la sécurité de l'organisme que la pensée connaisse l'animal qui a poussé ce cri ? Vous voyez cet animal, n'importe-t-il pas à la satisfaction des besoins de l'organisme que la pensée connaisse les substances nutritives ou autres qu'il peut renfermer ?

De même pour une fleur :—l'odeur d'une fleur cachée vous fera chercher à la connaître ; la vue d'une fleur éloignée vous fera chercher à la sentir.

Il ressort de là que l'œil présente à la pensée les causes dont elle doit rechercher les effets ; et que l'ouïe et l'odorat présentent à la pensée des effets dont elle doit rechercher les causes ; et tous, intimement unis avec la pensée, s'entr'aideront pour atteindre ce but : recherche des substances cachées et des causes inconnues.

D. —— Vous ne parlez que de trois sens, j'ai toujours entendu dire que nous avions cinq sens ; vous oubliez sans doute le goût et le toucher ?

R. — Je n'oublie rien ; ces deux prétendus sens du goût et du toucher sont frères du mot grammaire ; on les accole aux sens pour empêcher de voir avec netteté les opérations de la pensée. Nous les retrouverons, plus tard, quand il s'agira des rapports de la pensée avec les organes dont ils font partie.

D. — Que peut faire la pensée des rapports qui lui sont faits par les sens, acculée qu'elle est dans sa chambre obscure ?

R. —— Ces mots de chambre obscure, me donnent l'idée d'une comparaison qui, quoique boiteuse, comme toutes les comparaisons, nous sera très-utile comme abréviation ; la voici :

« Le cerveau est la chambre obscure du daguerréo-
« type dont nos sens forment les côtés, et dont le cen-
« tre, la pensée, prend l'image de l'objectif. » Non pas une image terne comme celle de l'instrument, ou li-

mitée aux formes, mais une image vivante dans toutes les conditions des rapports faits par les sens à la pensée, ensemble ou séparément. — Si l'ouïe fait un rapport, c'est le cri qui est photographié; si l'odorat, c'est l'odeur; si l'œil, c'est tout ce qu'il a pu percevoir de l'objet; si les rapports sont collectifs et simultanés, la pensée devient un photographe de premier ordre fixant au cerveau une image vivante et complète qui peut être conservée très-longtemps et qui constitue la mémoire. A l'appui de ceci, on appelle la pensée imagination ou faiseuse d'images. On l'appelle encore réflexion par ses analogies avec un miroir réflecteur de la forme des objets.

Ainsi, fixer dans la partie antérieure du cerveau, à portée des sens, l'image des objets tels que l'œil les a vus en principal et accessoires, tels que l'oreille les a entendus, tels enfin que l'odorat les a sentis, en un mot concentrer tous les rapports des sens en une image fixe, voilà ce que la pensée fait de ces rapports, et voilà la première partie de ses opérations.

Il n'est pas besoin, je crois, de chercher à vous prouver l'existence de ce phénomène, consistant en ce que chaque fois que vous êtes en rapport avec un objet, par les sens, vous en conservez une image qui vous le fait voir longtemps après que vous ne l'avez plus sous les yeux, qui vous le fait entendre quoiqu'il ne soit plus à portée de vos oreilles, qui vous le fait sentir quoiqu'il ne soit pas davantage à portée de l'odorat.

D. — J'avoue que si toutes vos explications sur la pensée peuvent être aussi claires et aussi simples que celles-ci, je crois pouvoir bien les comprendre. Jusqu'à présent, tout homme peut trouver dans sa propre expérience la preuve de la justesse de vos observations; mais avant de vous demander ce que va faire la pensée de l'image ainsi obtenue par ou au moyen des sens, je désirerais savoir d'où procèdent les sens?

R. — Ils procèdent de la pensée elle-même; ils procèdent du cerveau dont ils sont une émanation directe. — L'œil, par exemple, son auxiliaire principal, est placé dans une cavité orbitaire, pour ainsi dire dans un moule où s'est écoulée une partie du cerveau, dont il n'est séparé que par un os très-mince au centre duquel un trou pratiqué a favorisé l'écoulement jusqu'à plénitude de l'orbite. — J'ai dit que l'œil était le principal organe de la pensée, tant à cause des nombreuses circonstances qu'il recueille dans la perception des objets, qu'à cause du second rôle qu'il joue comme organe pour éclairer les actions commandées par la pensée.

Quant à l'ouïe, une portion du cerveau beaucoup moindre arrive dans l'oreille à portée d'une membrane très-mince appelée tympan, membrane à laquelle l'air imprime ses vibrations sonores que recueille le sens pour les transmettre à la pensée.

De même pour l'odorat : au-dessus des fosses nasales et sur le chemin de l'air appelé dans la poitrine, pour un autre usage, se trouve un nerf, dit olfactif, émanation du cerveau, placé là pour saisir au passage les senteurs ou odeurs dont cet air est imprégné.

On voit par là que les sens peuvent prévenir à distance, que les objets provoquent leur action, au contraire des organes, dont l'action est provoquée par la pensée, comme nous allons le voir, qu'ils sont la pensée elle-même, avec laquelle ils ne font qu'un, quoique séparés, pour la sécurité de la citadelle seulement.

On appelle paire de nerfs ces émanations du cerveau qui constituent les sens.

Deuxième partie des opérations de la pensée.

La première partie comporte la mémoire ; cette seconde partie comporte le sentiment.

D. — Je reprends ma question : Que va faire la pensée de l'image ainsi obtenue et fixée au cerveau ?

R. — Nous allons ainsi entrer dans l'examen d'une seconde partie de la pensée, et les réponses aux questions qu'elle vous suggérera ne seront ni moins nettes, ni moins simples que celles de la première partie.

Cette seconde partie est désignée dans le langage par le mot for intérieur. Pour bien comprendre cette désignation, il faut voir son étymologie :

Le Forum était chez les Romains une place publique où les comices s'assemblaient pour juger, c'est tout ce qu'il nous importe d'en dire ; notre forum ou for intérieur est une place privée du cerveau où l'on juge.

D. — Qui juge-t-on ?

R. — Précisément l'image vivante que nous venons de mettre à portée des juges au moyen de la photographie dont nous avons parlé.

D. — Quels sont les juges ?

R. — Ce sont des sens internes, d'une grande analogie avec les premiers, et s'ils sont invisibles on peut les reconnaître à leurs actes, ils se nomment observation, examen, constatation, jugement ; ils constatent les formes, ils observent les qualités, ils examinent les actions ; ce sont les trois bases du jugement qu'ils ont à prononcer.

D. — Si telles sont les bases, quel est le but du jugement ?

R. —Nous avions indiqué le but de la pensée, disant que nous n'y reviendrions pas ; mais enfin, le but du jugement est de décider si l'objet examiné menace la conservation de l'examinateur, ou si, au contraire, il peut servir à son existence, à son agrément ou à ses plaisirs.

D. — Qu'arrive-t-il quand l'objet examiné menace l'existence de l'examinateur ?

R. — Les juges décident que les formes, qualités et actions de l'objet sont dangereuses et qu'il y a danger de l'approcher.

L'effet de ce jugement a aussi de l'analogie avec l'effet du rapport des sens dans la première partie ; seulement, tandis que dans la première partie c'est une image qui se fixe dans la pensée, dans cette seconde

partie c'est un sentiment qui se fixe au cerveau, sentiment mis à la portée des juges d'appel de la troisième
partie, dont nous parlerons bientôt.

Ainsi, le jugement qui constate un danger fixe au cerveau un sentiment de crainte.

Tandis qu'un jugement qui constaterait l'utilité de
l'objet, fixerait au cerveau un sentiment d'amitié à son
égard.

Voilà la seconde partie des opérations de la pensée :

Fixer au centre du cerveau un sentiment à l'égard de
l'objet, résultant du jugement.

D. — Quoique cette définition du second centre des
opérations de la pensée soit aussi simple et aussi nette
que vous me l'aviez annoncé, ne pensez-vous pas qu'un
exemple viendrait à point pour faire connaître l'application de cette théorie.

R. — Non-seulement il faut un exemple, mais il en
faut deux, trois, il en faudrait mille pour la nature variée des sentiments. Nous nous contenterons pourtant de
deux, en rapport avec la nature bien tranchée de deux
sentiments principaux et presque opposés.

Premier exemple.

L'œil voit un animal, l'oreille entend ses cris, l'odorat
sent son odeur, la pensée le photographie, son image
fixée au cerveau se trouve à portée des juges ; ils l'observent, l'examinent et constatent ses fortes mâchoires,
ses longues griffes, sa forte charpente musculaire, son
odeur de carnassier, ses cris sauvages, toutes circonstances qui, sans donner encore de certitude, ne rassu-
rent point à son égard. Ce qui ne laisse aucun doute,
c'est qu'il est représenté dans sa photographie dévo-
rant une proie qu'il vient de déchirer. — Ses formes
annoncent son agilité pour bondir sur sa proie, sa force
pour la tuer d'un seul coup de dent, sa voracité pour
l'engloutir, chair, sang et os dans l'estomac ; et les juges
décident que cet animal a des formes, qualités et actions dangereuses à la conservation de l'organisme, et

la formule de ce jugement est : qu'il offre un danger, qu'il est dangereux, qu'il agit dangereusement. — C'est un lion.

Et ce jugement fixe au cerveau le sentiment de crainte dont nous avons parlé.

Deuxième exemple.

Je vois un vieillard; sa face blême, ses yeux creux et ternes, ses jambes entourées de mauvais linges recouvrant des plaies, son air abattu et suppliant, ses vêtements ou plutôt ses haillons en lambeaux, tout cela photographié, examiné et jugé dans les formes que nous venons de dire, se résume en un malheur, il est malheureux, il traîne sa vie malheureusement. — Le jugement sur ce vieillard ainsi formulé fixe au cerveau un sentiment de compassion.

Et c'est dans le troisième centre des opérations de la pensée que nous allons trouver satisfaction pour ces deux sentiments, crainte et compassion, craindre et compatir.

D. — Je ne suis pas encore bien renseigné sur la valeur réciproque des formes, qualités et actions, et je sens que pour bien comprendre vos explications sur les fonctions de la pensée dans cette deuxième partie, j'aurais encore besoin de quelques renseignements à cet égard.

R. — Mon intention était de vous les donner par la démonstration de la proposition suivante :

Les qualités sont filles de la forme et mères des actions.

C'est l'évidence; notez bien que je ne dis pas les vertus.

La férocité du lion est fille de ses griffes, de ses dents, de ses fortes mâchoires, qui sont ses formes sans lesquelles il ne pourrait être féroce.

Cette férocité (qualité) est mère du coup de dent qu'il a donné à un buffle dont il a cassé les vertèbres et qu'il se met à dévorer, actions conséquence directe de sa férocité, qui est elle-même une conséquence de ses formes, de manière qu'au moyen des formes on peut très-exactement présumer des qualités, et qu'au moyen des actions on peut très-exactement présumer des formes, ce qui donne les bases du jugement.

Vous trouvez sur votre chemin les restes d'un buffle ; vous voyez encore la colonne vertébrale brisée d'un coup de dent dont l'empreinte est restée, et vous dites sûrement : l'animal qui a porté le coup avait une forte mâchoire, c'est sa forme ; il avait une grande force, comme le prouve son action féroce ; mélange de formes, qualités et actions sur lesquelles s'appuient les juges pour porter leur jugement.

Pas une forme, pas une qualité, pas une action ne résisteront à cette épreuve.

D. — Vos explications sur cette seconde partie des opérations de la pensée m'apparaissent aussi simples, aussi nettes que celles concernant la première partie, et j'attends avec confiance la conclusion qui va sans doute se trouver dans la satisfaction donnée aux sentiments crainte et compassion.

R. — Ce serait, en effet, le moment de traiter cette question, mais, dans ses rapports avec le langage, la partie que nous venons d'examiner offre quelques difficultés de détail que je veux vous mettre à même d'éviter.

OBSERVATIONS SUR LA DEUXIÈME PARTIE
DES OPÉRATIONS DE LA PENSÉE.

Le but des trois premiers sens : vue, ouïe, odorat, est la perception et la concentration des objets dans la pensée, et en résumé leur photographie, fait si simple qu'il n'a nécessité que peu d'explications.

Le but des trois sens de la seconde partie est le jugement des objets sous le rapport des dangers qu'il peut faire courir à l'organisme, de leur emploi pour sa conservation, de leur concours pour son agrément ou ses plaisirs.

Et ces trois sens n'ont ici, comme les premiers, qu'une

désignation indicative et non limitative. — Si dans la vue on trouve le mot voir au principal, on y trouve aussi entrevoir, prévoir, apercevoir, concevoir, etc.; comme pour sentir : pressentir, etc.; comme pour entendre : sous-entendre, etc. De manière que les mots observation, examen, constatation ont dans le langage des équivalents, des augmentatifs ou diminutifs que vous reconnaîtrez toujours, en ce qu'ils sont absolus, ne présentent aucune bifurcation, comme les qualités, jugements et sentiments et qu'ils sont toujours prêts à entrer en activité, c'est-à-dire à devenir des verbes.

Observation, observer; examen, examiner; constatation, constater.

Les autres parties de ce centre d'opérations sur lesquelles s'exercent ces sens, présentent cette particularité, que leur unité est désignée par trois mots dont chacun s'applique, le premier à la forme de l'objet, le second à sa constitution, le troisième à ses actions, et ces trois mots, différents en la forme, sont le même mot.

Ainsi, férocité est une qualité qui s'applique aux griffes, dents et mâchoires du lion, forme de cet animal : elles ont la férocité.

Féroce, qui est exactement la même qualité, s'applique à la constitution générale du lion : il est féroce.

Férocement, qui est toujours la même qualité, s'applique aux actions du lion : il agit férocement.

Et la preuve que ces trois expressions ont identiquement la même valeur, c'est qu'on peut dire : les formes, les qualités, les actions du lion et le lion lui-même sont féroces ou ont de la férocité.

On reconnaît qu'un des trois termes est une qualité, quand, à celui dont on fait usage, on peut rattacher les deux autres termes avec lesquels il ne fait qu'un.

Ce précepte serait simple si les qualités seules avaient cette triple désignation, mais la formule du jugement a aussi trois termes.

Le jugement qui concerne le lion, par exemple, porte que cet animal offre un danger, qu'il est dangereux, qu'il agit dangereusement.

Ne dirait-on pas, d'après ce que nous venons de voir, que le mot danger est aussi une qualité, qu'il s'applique aux formes, à la constitution et aux actions du lion.

Mais en y regardant de plus près, on reconnaît bien vite que le mot danger ne concerne pas le lion, qu'il est une appréciation, un jugement de celui qui craint d'être sa victime, et le moyen de s'en assurer est de voir si le mot douteux provoque un sentiment et le fixe au cerveau, comme le mot danger y fixe un sentiment de crainte.

Ce sentiment lui-même est, dans son unité, désigné par trois mots : crainte, craintif, craintivement; mais ici pas d'équivoque possible, tous les sentiments sont prêts à entrer en activité et deviennent des verbes. Crainte, craindre; haine, haïr; envie, envier; etc.

Il n'était pas inutile de vous prémunir contre ces petites difficultés. On confond souvent courage (qualité) avec valeur, sentiment (valoir).

Tout jugement favorable à l'objet, à ses formes, qualités et actions, emporte son éloge et fixe au cerveau un sentiment d'attraction (attirer).

Tout jugement défavorable à l'objet, à ses formes, qualités et actions, emporte et fixe au cerveau un sentiment de répulsion (repousser).

Les propriétés des objets inorganisés suivent le même chemin, avec les différences nécessaires de condition; ici plus de qualités, plus d'actions spontanées, mais des propriétés, des substances, des manières d'être, etc., qui s'adaptent parfaitement dans le langage aux fonctions de la pensée que nous avons déjà définies comme elles s'adapteront au surplus, ainsi qu'on le verra plus tard.

Nous sommes arrivés à l'examen du troisième centre des opérations de la pensée.

D. — Je ne vous ai point interrompu par des questions difficiles dans une matière si nouvelle pour moi, mais je vous déclare que j'attends le surplus avec impatience, certain que mon instruction aura plus profité en quelques heures de conversation qu'en mes trois années d'études.

R. — Toujours l'exagération de la jeunesse! Vous oubliez ce que je n'oublie pas : Ce sont vos trois années d'études qui vous ont ouvert l'intelligence et vous permettent de suivre mon raisonnement, que je ne ferais pas devant des personnes moins préparées.

Troisième centre des opérations de la pensée.

OBSERVATIONS PRÉLIMINAIRES.

Vous savez à l'avance que dans ce troisième centre des opérations de la pensée, il s'agit de donner satisfaction au sentiment résultant du jugement de l'objet; vous savez que le sentiment résultant du jugement porté sur le lion est un sentiment de crainte.

Vous savez encore que le sentiment résultant du jugement porté sur un vieillard malheureux est un sentiment de compassion.

Vous savez toujours que les qualités sont filles de la forme et mères des actions.

Vous ne trouverez certainement pas dans vos qualités personnelles résultant de vos formes propres, les moyens de produire des actions qui résisteraient aux actions du lion.

Et cependant vous savez que l'homme s'est déjà débarrassé, en partie, des grands carnassiers dont le reste, relégué dans le désert, n'en sort que pour tomber sous de nouveaux coups.

Vous ne trouverez pas davantage dans votre organisme des formes toutes faites, capables de produire des qualités et actions pouvant donner satisfaction à votre sentiment de compassion pour le vieillard malheureux.

Et cependant vous savez que la charité individuelle est inépuisable, et que la charité collective fait des prodiges.

C'est que l'homme a pu créer, à son usage, une fabrique de formes complémentaires, qui ont amené des qualités plus énergiques; lesquelles, sous l'empire de cette loi qui fait les qualités mères des actions, ont produit des actions correspondantes à l'énergie des qualités et remontant à la source, à l'énergie des formes.

Sans cette fabrique, vous devriez vous avouer vaincu d'avance vis-à-vis du lion, et sans elle c'est l'homme, aujourd'hui, qui serait relégué dans le désert ou aurait disparu.

Et voici l'origine de cette fabrique. — Vous avisez le tronc noueux d'un jeune arbre, vous en armez votre main. — La forme de votre main n'est-elle pas changée par cette addition ? Sa force, qui est une qualité simple et primitive n'est-elle pas centuplée par cette forme nouvelle et complexe. — Qu'un lion se présente dans ces conditions nouvelles et avec une réunion d'autres qualités, du coup-d'œil, du sang-froid, de la prudence, vous lui disputerez votre vie. Le lion de Némée n'est-il pas tombé sous la massue d'Hercule, personnification de la force. Le géant Goliath n'est-il pas tombé sous la fronde de David; fronde devenue forme de la main qui l'a lancée.

De cette massue, de cette fronde, armes primitives, à la carabine Minié et à ses balles explosibles, il y a une distance bien grande, mais c'est toujours le même principe : une addition aux formes de la main, des qualités et des actions correspondantes, c'est-à-dire de la plus grande énergie possible.

Une fabrication d'outils est une fabrication de formes, qualités et actions complexes, c'est indéniable ; le principe une fois trouvé ne peut manquer à ses conséquences, depuis l'aiguille de l'ouvrière au canon Krupp du prussien.

J'ai voulu vous dire cela de suite pour vous montrer que notre fabrique de formes, qualités et actions est une réalité. Aussi bien nous l'allons visiter en détail.

Nos deux premières parties de la pensée ne sont-elles pas déjà deux fabriques.

Trois sens collecteurs des objets; résultat : images.

Trois sens appréciateurs des objets; résultat : sentiments.

Nous devons nous attendre à trois sens directeurs des qualités des objets ; résultat : actions pour la satisfaction des sentiments.

Troisième centre des opérations de la pensée.

Ce troisième centre des opérations de la pensée a son siége à l'arrière du cerveau. Cette position n'est pas indiquée arbitrairement ; elle est à portée des agents de la pensée qui transmettront ses ordres aux organes, comme la partie antérieure du cerveau était nécessaire à la photographie par son rapprochement des sens, agents photographiques. Or, un tout divisé en trois parties, dont les deux extrémités sont nécessairement affectées aux fonctions qu'il doit accomplir, voit sa troisième partie soumise à la même nécessité de remplir ses fonctions au centre, qui, d'ailleurs, a reçu une image à sa portée, et met un sentiment à portée du groupe suivant : nouvelle preuve de cette nécessité de position.

Les trois sens qui président ce troisième centre d'opérations, toujours avec des suppléants et des assesseurs, comme dans les précédents centres, sont :

Le raisonnement, le calcul, l'expérience.

Il se prêtent un mutuel concours pour le but proposé : Donner satisfaction aux sentiments que leur soumet le centre précédent d'opérations.

Ces trois derniers sens : raisonnement, calcul, expérience, par l'infinie variété de leurs évolutions et de leur manière d'être, ne peuvent se prêter à une définition précise, il leur faut une souplesse pareille à celle des protées, qui cherchent à leur échapper ; aussi les raisonnements les plus divers, variant du blanc au noir, allant d'un extrême à l'autre, se rencontrent sur le même objet dans les mêmes conditions, non pas seulement de la part de plusieurs, mais souvent de la part du même raisonneur qui à peu de distance soutiendra deux thèses opposées avec apparence de raison dans les deux cas.

Il faut dire pourtant que le juste et le vrai finissent toujours par l'emporter.

Il n'en est pas moins vrai que pour saisir les protées qui opposent leurs variations au raisonnement, il faut les prendre corps à corps, c'est-à-dire appliquer un raisonnement spécial à chacun d'eux et presque à chacune de leurs parties, d'où suit l'impossibilité d'établir pour ce troisième centre des opérations de la pensée, des principes généraux qui rendent si facile l'étude des deux autres centres d'opérations.

Une autre remarque à faire, c'est que les sens varient dans chaque individu. L'œil est plus ou moins perçant; l'ouïe, plus ou moins juste; l'odorat, plus ou moins fin. — De là des nuances dans l'image photographiée; nuances qui se reproduisent dans l'observation, l'examen et le jugement; il en résulte un sentiment faussé qui faussera également le raisonnement, le calcul et l'expérience, dont la fabrique donnera de fausses qualités, et par suite des actions mal placées.

Pourtant, que les résultats partiels soient faux ou exacts dans chacune des opérations de la pensée, leur marche n'en est pas moins la même, et c'est cette marche appliquée au langage que nous nous sommes donné mission de vous faire connaître, de manière à vous y faire trouver la place, la valeur et l'explication de tous les mots qui le composent.

D'après ce que nous venons de dire, vous voyez qu'on ne peut le faire qu'en donnant pour exemple des cas spéciaux dont, par analogie, vous généraliserez les applications.

Nous allons donc, par continuation, examiner la satisfaction à donner aux sentiments de crainte à l'égard du lion, et de compassion à l'égard du vieillard.

Le raisonnement appliqué à la crainte qu'inspire le lion est celui-ci :

Le lion, en se jetant sur une proie pour la dévorer, obéit à la loi de sa nature, à ses formes ; — l'exercice des qualités qui en dérivent est nécessaire à son existence ; ses actions, conséquences nécessaires de ses qualités, en sont la sanction forcée. — Il est donc impossible d'attendre du lion une modification de ses habitudes, dans ses rapports avec les autres animaux. Conclusion : le sentiment de crainte ne peut recevoir satisfaction, c'est-à-dire disparaître que par la destruction de l'animal.

C'est ainsi que ce troisième centre commence toujours par vérifier la valeur du sentiment qui lui est soumis pour ainsi dire en appel, le premier examen étant souvent trop sommaire.

Le fait ainsi posé, une question se présente, celle des voies et moyens.

Et le raisonnement continue :

Des forces individuelles sont insuffisantes. — Conclusion : réunissons-nous.

Des forces simples, même collectives, sont insuffisantes : — ayons des forces combinées.

Des forces combinées et collectives sont encore dangereuses : — employons la ruse.

Nous creuserons une fosse ; cette fosse, recouverte de feuillages légers, sera le tombeau du lion s'il vient tomber dans le piége, et pour l'y attirer, une chèvre placée sur le bord opposé à celui par où doit venir le lion fera entendre ses bêlements plaintifs ; une palissade mettra de ce côté la chèvre hors d'atteinte et forcera le lion à prendre le chemin prévu. Cette seconde partie appartient au calcul pour la profondeur de la fosse, et toutes les autres conditions du piége dans ses rapports avec les qualités du lion, notamment sa force d'élan pour en sortir.

L'expérience apporte aussi son concours : elle a déjà vu pratiquer ce moyen et rappelle quelques dispositions omises qui seront exécutées.

Tous trois d'accord disent : nous emploierons un autre moyen si celui-là ne réussit pas.

L'expérience en propose un préventif qui consiste à allumer un grand feu destiné à tenir le lion à distance en attendant qu'on ait préparé cet autre moyen, et le rôle des trois sens épuisé, pour le moment, un sentiment triple dans son unité se fixe au cerveau, c'est la pensée qui, instruite de ce qu'il y a à faire, le pouvant et le voulant, marque la fin de la discussion.

Conscience, puissance et volonté ; savoir, vouloir et pouvoir, ce sentiment est le signal des actions qui vont établir le piége sous la direction de la pensée.

Pendant ces actions dont nous donnerons bientôt l'origine, les trois sens sont agités d'une foule de sentiments nouveaux. Le piége aura-t-il son effet? Ici se placent l'attente, l'espoir, le doute, l'incertitude, l'inquiétude et tant d'autres suspendus au résultat des actions combinées.

Enfin le rugissement du lion se fait entendre, et c'est avec plaisir que l'ouïe reçoit ce cri sauvage, qui dans d'autres circonstances causerait si grande frayeur.

Ce qui avait été prévu arrive : — dans le bond qu'il fait pour arriver à la chèvre, le lion tombe dans le précipice ouvert, — il est à la merci de ses vainqueurs, ils le tuent et le sentiment de crainte s'évanouit.

Ici encore naissent une foule de sentiments, la satisfaction, la joie, le plaisir, la certitude d'être enfin débarrassé de la crainte qu'inspirait ce lion, et aussi que de mots dont on connaît ainsi la place, la valeur et l'explication, sentiments résultant du jugement, — sentiments suspendus aux résultats d'actions en cours d'exécution, sentiments dus aux résultats acquis par les actions que la différence de ces trois caractères fera bien reconnaître. Voilà, sur un point, la marche générale des opérations de la pensée dans son troisième centre. Nous allons examiner cette même marche sur un deuxième point plus délicat de ces mêmes opérations.

Mais auparavant, arrêtons-nous un instant sur les conséquences de cette première partie.

Creuser un trou, élever une palissade, lier la chèvre au pieu ; que de formes complémentaires il faut à la main pour accomplir ces simples travaux : bêche, pelle, pioche, levier, hache, serpe, masse, liens. Ces formes nécessaires, pour compléter des formes insuffisantes, pour donner des qualités plus énergiques et des actions plus efficaces, sont déjà bien multipliées pour l'exécution de la ruse un peu primitive que nous venons d'exposer.

— Que serait-ce si le piége n'ayant pas réussi, nous avions eu à vous proposer des solutions par l'emploi des armes ou toute autre force combinée. Songez à tous les outils de tous les métiers possibles, formes complémen-

taires de la main qui acquiert des qualités correspondantes à ces formes; songez aux actions qui en résultent.

Le pied lui-même, chaussé d'un patin, complète et
modifie ses formes; il glisse légèrement et rapidement
sur le lac gelé, lui qui ne paraissait fait que pour la
marche; forme nouvelle, qualité nouvelle, action nouvelle.

Mieux encore : les lunettes, lorgnettes, longues-vue,
télescopes, etc., sont des formes complémentaires qui
rendent à l'œil ses qualités perdues et augmentent celles
qu'il a, jusqu'à nous permettre de fouiller dans l'espace
à de grandes profondeurs, et d'y voir ce que jamais
l'œil, sans ce complément de forme, n'aurait pu y découvrir; toujours la forme suivie des qualités, et les qualités suivies des actions.

Je pourrais ajouter les instruments de musique, qui
modifient les formes de la voix; mais il est inutile d'insister sur un fait si bien acquis.

Je m'arrêterais ici, et je vous croirais suffisamment renseigné, si la satisfaction à donner au sentiment de compassion pouvait se rencontrer dans les mêmes moyens;
mais, pour cette satisfaction, ce sentiment relève non
plus des formes de l'organisme, mais des formes de la
pensée qui sont aussi mères, non plus des qualités, mais
des vertus qui doivent faire aux qualités une espèce de
violence pour exister, quoique, comme les qualités,
elles soient aussi mères d'actions, mais d'actions presque
contradictoires. C'est ce que va nous faire connaître le
développement de l'exemple choisi.

Le malheur du vieillard, dont nous avons parlé, est un
jugement porté sur des apparences; il était pâle, défait,
ses habits étaient en lambeaux, et sa malpropreté, forcée,
avait produit sur ses jambes des ulcérations qui faisaient
mal à voir; en voilà plus qu'il n'en faut pour exciter la
compassion.

Mais combien de gens, dans la vérification de ce sentiment, inclineront à prouver, par le raisonnement, que cette
misère est feinte, et que les plaies sont artificielles.

Voyons les autres :

Celui qui le secourt partiellement a de la bonté.

Celui qui, pour le remettre en bonne voie, le réconforte, lui donne des vêtements plus propres et quelque monnaie pour continuer sa route, a de la charité.

Celui qui le recueille à son foyer, pendant un temps plus ou moins long, ne le laisse partir qu'après avoir vu les progrès du mal s'arrêter et lui donne de quoi subvenir à ses besoins, pour le temps présumé nécessaire à sa guérison, a de la générosité.

Celui qui en fait son frère en attendant sa parfaite guérison, due à des soins de tous les instants, soins répugnants qu'il n'a cessé de lui prodiguer; celui-là qui au moment de la séparation partage encore avec ce malheureux le reste de ses ressources épuisées, a de l'héroïsme.

Celui enfin qui ayant fait les mêmes actions a profité de la présence de ce malheureux pour élever et guérir son intelligence, comme il a guéri son corps, tient de la divinité; dernier sommet des qualités auquel puisse atteindre la pensée, à une condition que nous allons dire :

Ce sommet des qualités ne met point à l'abri de l'ingratitude, témoins la ciguë et la croix.

D'après cette gradation des vertus, vous voyez sans peine qu'elles procèdent toutes de la même forme de la pensée dont les différences, dans les différents degrés, tiennent aux variétés naturelles du raisonnement, qui est cette forme.

En regard de cette gradation des vertus il y a, dans le même ordre de pensée, la gradation opposée, les défauts, crimes, vices, enfer, qui est, comme qualité négative, (enfer, infernal, infernalement) la dernière limite que puisse atteindre la pensée, aussi à une condition.

Cette condition, dans les deux cas, est la personnification de la qualité dont la pensée ne peut pas connaître exactement la cause. La pensée n'admet pas, ne peut admettre d'effet sans cause; si elle ne peut la trouver, elle la suppose, elle la crée, et donne un organisme quelconque à des formes qui produisent des qualités et des actions.

Donc, dans le langage, le sommet des deux séries divinité, enfer ont, comme personnification, Dieu et Diable.

Revenons à la satisfaction due au sentiment de compassion. Vous venez de voir, en fait, la satisfaction qu'il vient de recevoir chez les différents individus auxquels il a été soumis.

Refus absolu d'admettre ce sentiment, comme n'étant pas fondé dans le premier cas; tiédeur dans le second, preuve d'amour du prochain dans le troisième, affection, mieux sentie dans le quatrième, enthousiasme dans le cinquième, exaltation dans le sixième.

Cette variation énorme dans l'appréciation d'un sentiment, produit d'une même cause, vient de la variété énorme que nous avons signalée dans le raisonnement, allant, comme vous le voyez, d'un extrême à l'autre, raisonnement faux ou juste, base de toutes actions bonnes ou mauvaises, qu'elles procèdent des qualités ou des vertus.

Cependant, le type des vertus qui se résume dans l'amour du prochain nous a été donné; ce type est une condition de notre existence. La femme qui vient de donner le jour à un enfant a devant elle un long avenir d'abnégation, de sacrifices, de souffrances; y pense-t-elle? pas le moins du monde; les soins les plus minutieux ne la rebutent jamais; pendant le temps de ses soins dévoués donnés à l'enfant, le père en prend sa part et pourvoit seul aux besoins de tous. Ceci est une vertu nécessaire, nous le répétons. Chez tous les êtres largement organisés, les nouveaux nés, abandonnés de suite à eux-mêmes, périraient, et la reproduction s'arrêterait.

Peut-il en être de même dans un rayon plus étendu de la société humaine, en nous considérant tous comme frères? On rencontre cela quelquefois; mais enfin, c'est un desideratum qui rencontre pour obstacle une pente naturelle qu'il faut remonter. Le raisonnement général vous dira: si je donne au premier venu, que me restera-t-il pour moi et ma famille? Si je soigne cet étranger, comment soignerai-je les miens? Voilà la pente naturelle contre laquelle il faut réagir au moyen d'une éducation virile.

Nous avons bien établi des fabriques de formes complémentaires pour les qualités; pourquoi n'établirait-on pas une fabrique de raisonnements complémentaires qui établiraient péremptoirement que les vertus s'exercent au plus grand profit de ceux qui ont l'amour de leurs frères, quels qu'aient été leurs sacrifices.

C'est ce qu'a fait Jésus; que pourrions-nous dire après sa morale!... Cela, d'ailleurs, ne peut faire partie de notre étude de la pensée arrivée à son terme pour la partie active. La voilà tout entière d'une façon générale dans ses rapports avec les objets. Il nous reste à faire connaître ses moyens d'action, et sa seconde partie passive dans ses rapports avec l'organisme.

MOYENS D'ACTION DE LA PENSÉE.

Du point où se trouve le troisième centre des opérations de la pensée et du prolongement du cerveau, tout le long de la colonne vertébrale jusqu'à son extrémité inférieure, qui est encore le cerveau, partent, en quantité innombrable, des filets nerveux distribués dans tout l'organisme, avec stations principales, et embranchements qui ne laissent pas un point de la surface ou de l'intérieur qui ne soit desservi. Ce sont les messagers électriques de la pensée qui portent ses ordres, à tous les organes sur lesquels son action peut s'exercer, et qui rapportent en retour l'état de ces organes dans leurs rapports avec l'extérieur ; comme aussi des filets nerveux en rapports sympathiques avec les organes intérieurs sur lesquels la pensée n'a point d'autorité, lui rapportent l'état de ces organes, à la conservation desquels elle doit néanmoins pourvoir, comme à celle de tout l'organisme.

Tous ces filets nerveux, sous leurs formes ténues, sont encore, comme les sens, un prolongement du cerveau dans toutes les parties de l'organisme, qui dénudé de toutes ses parties charnues ressemblerait à une feuille qui a passé l'hiver sur le pré, dont alors on ne voit plus que les nervures, ce qui la fait ressembler à une étoffe de gaze transparente. — Ces filets nerveux sont les officiers d'ordonnance de la pensée, ils portent les ordres pour les actions décidées dans la troisième partie, en conséquence des prémisses posées par les deux premières parties, sans ces ordres, aucun organe soumis à l'autorité de la pensée ne peut faire le moindre mouvement — le petit doigt ne saurait bouger.

La preuve absolue de ce qui précède n'est pas difficile à fournir. La section du nerf principal qui dessert le petit doigt amène sa paralysie complète et irrémédiable. De même pour tous les autres organes, et, par contre, la paralysie d'une partie du cerveau amène une paralysie correspondante des organes qu'il dessert, ou qu'il commande.

Nous allons maintenant, dans l'anatomie physiologique de l'organisme, bien générale, bien superficielle, distinguer les organes soumis à l'autorité de la pensée, de ceux qui ne le sont pas toujours, pour en faire sortir les principes du langage, seul but que nous nous proposions dans cet examen.

C'est ce que nous nommerons la partie passive de la pensée, dont nous venons de voir la partie active.

⸺⊱⸸⊰⸺

PARTIE PASSIVE DE LA PENSÉE

ANATOMIE PHYSIOLOGIQUE DES ORGANES.

Le poumon aspire une bouffée d'air frais ; cet air rafraîchit une petite quantité de liquide trouvé dans la cavité thoracique ; — agissant à son entrée comme pompe foulante, il pousse ce liquide dans la circulation, après lui avoir donné les qualités du sang. — A sa sortie, la même portion d'air agit comme pompe aspirante et ramène dans cette cavité une autre petite quantité de liquide, que l'aspiration suivante traitera de la même façon, avec les mêmes conséquences, lors de l'expiration ou sortie.

Et ce mouvement alterne de la poitrine, aspiration et

expiration, commencé avec la vie, ne finira qu'à la mort, sans intervention possible de la pensée.

Cette fabrication incessante de la partie sanguine, plus active dans l'enfance, concourt au développement de l'organisme et plus tard à son simple entretien.

Le cœur pousse aux extrémités le sang ainsi fabriqué, dont une partie s'échappe en route dans les veines. Ce sang, par l'élasticité des artères, revient au cœur, où il emplit une des deux poches, qui force l'autre à se vider, et cet autre aura la même action, au retour, sur celle dont elle a subi la pression.

Ce mouvement alterne, commencé avec la vie, ne finira qu'à la mort, sans intervention de la pensée.

Dans les grandes émotions, le cœur a des battements précipités qui feraient croire qu'il les partage; il n'en est rien, et voici l'explication du phénomène :

Le cerveau prend une très-large part dans la circulation du sang. — L'émotion qui se fait sentir au cerveau agit comme astringent, resserre les vaisseaux dans lesquels le sang ne pouvant plus pénétrer revient au cœur plus tôt qu'il n'y était attendu; de là les battements précipités mécaniquement par les cavités du cœur, trop vite remplies et vidées.

Et le cœur, comme tous les autres viscères, ne remplit que des fonctions automatiques.

Tous les autres viscères sont dans le même cas, ils ne s'arrêtent que par l'usure ou les accidents qui amènent la mort, sans que la pensée puisse intervenir pour activer, modifier ou arrêter ces fonctions nécessaires.

Parmi eux, l'estomac seul, demande quelques explications :

Il réclame des soins incessants; c'est pour lui, en grande partie, que s'exercent les qualités de la pensée, aussi a-t-elle une action directe, toute particulière, sur la bouche, qui est l'ouverture de l'estomac et le siége d'un toucher spécial, qui agit comme nous allons le dire :

C'est encore par la bouche que l'air, privé accidentellement de son chemin ordinaire, les fosses nasales, ar-

rive au poumon. C'est encore par la bouche que s'é-
chappent les cris ou sons modifiés qui forment le
langage, et tout cela sous le commandement direct de
la pensée. Pourquoi faut-il ajouter que les issues opposées sont également sous sa garde et direction. — Il
y a loin de ces fonctions à celles de la première partie,
c'est la domesticité dans toute l'acception du mot, aussi
est-ce en se cachant que la pensée préside à certaines
actions.

Cette partie des fonctions de la pensée est nécessaire,
et de son exactitude à les remplir dépendent sa tran-
quillité et souvent son existence.

L'estomac est une lampe que la pensée doit alimenter
sans cesse, à peine d'en voir éteindre la flamme, qui est
sa vie, qui est elle-même.

Ici, nous trouverons la place, la valeur et l'explication
des mots faim, soif, empoisonnement, et de tous les
mots qui ont rapport à ces organes spéciaux dans les accidents qui ne peuvent être prévus et qui ne pénètrent
pas dans la pensée à cause de leur instantanéité.

Outre le vivre, dans ses rapports avec l'estomac, c'est
le couvert, vêtements, habitations et moyens d'attaque
ou de défense qui réclament les autres qualités de la
pensée que nous avons déjà définies.

Nous avons vu que des nerfs répandus à profusion
dans tout l'organisme portent partout les ordres de la
pensée ; l'exécuteur de ces ordres, c'est le toucher, sur
toute la surface du corps, mais son siége principal est
dans les pieds et surtout dans les mains. On a voulu en
faire un sens quand il n'est que le serviteur de la
pensée, c'est-à-dire un organe ; ce qui a pu causer l'erreur, c'est que les nerfs qui le constituent reportent
sympathiquement à la pensée tout ce qui, par le contact, peut affecter l'organisme ; mais ce report à la
pensée ne prend pas le même chemin que les objets, il
suit les filets nerveux et arrive à leur point de départ.
— Le froid, par exemple, n'a ni corps, ni son, ni odeur
qui puisse faire image, être jugé et produire un sentiment, comment et pourquoi serait-il soumis aux deux

premiers centres d'opérations de la pensée, qui ne s'occupent que d'images et de sentiments. — Le toucher général rapporte donc à la pensée la sensation de froid qu'il éprouve, au seul centre d'opérations qui puisse lui donner satisfaction ; ce rapport arrive par la porte de derrière qui confine au raisonnement, au calcul et à l'expérience, qui conseilleront d'allumer le feu, et sous les ordres de la pensée, le feu allumé réchauffera les membres engourdis.

Parmi les sensations reportées à la pensée par le toucher, il y en a de spéciales ; ce sont celles du goût ; c'est un organe et non pas un sens ; une disposition spéciale de nerfs sur le pourtour de la langue et dans son milieu, au palais et dans l'arrière-bouche, recueille la saveur des mets soumis à leur toucher par la mastication. — C'est, en même temps qu'un travail, un essai chimique des mets, et si les circonstances de leur saveur donnaient des craintes sur leur qualité, — le rapport fait immédiatement à la pensée par les nerfs de ce toucher spécial, ferait revenir immédiatement, par le même moyen, l'ordre de rejeter ces mets ; — ce qui arrive encore dans l'estomac quand le travail d'assimilation de ces mets toxiques n'est pas assez avancé pour avoir occasionné la désorganisation, et quand la pensée, prévenue à temps, a pu prescrire le vomitif sauveur, — car la pensée a encore les plus grands rapports sympathiques avec les viscères ; les nerfs qui les établissent sont de véritables sonneries électriques pour appeler l'attention de leur domestique, la pensée, sur les besoins signalés, — besoins qu'elle s'empressera de satisfaire, à peine d'en souffrir personnellement, comme nous avons dit.

Voilà toute la pensée ou plutôt sa marche générale, activement et passivement, dont nous ne voulons tirer d'autres conséquences que celles relatives au principe du langage, et je le répète, la pensée est un moule dont le langage qui en est sorti, reproduit en relief ce qui s'y trouve en creux, de manière qu'on peut les contrôler l'un par l'autre sans crainte d'erreur.

Un délinquant dont la hache ébréchée a laissé l'empreinte de ses défectuosités et sur le tronc resté au bois, et sur l'arbre trouvé chez lui, est bien et dûment atteint et convaincu du délit qui lui est reproché. — Le rapprochement fait preuve. — Il en est de même du moule et de la partie moulée, il font l'un par l'autre preuve de leur connexité.

Nous allons maintenant faire les applications et reprendre vos questions qui rentreront mieux dans vos connaissances, car je suppose que vous ne les avez abandonnées que parce que la matière ne vous était pas assez familière; maintenant qu'il ne s'agit plus que des conséquences à tirer, je vous prie de bien étudier ce que vous venez d'entendre et nous reprendrons notre entretien familier sur l'étude du langage, qui aura maintenant une base et des principes solides.

Du temps.

D. — Depuis longtemps déjà une question me brûle la langue, et je désire m'en débarrasser tout d'abord :

Vous avez dit en commençant que rien de ce qui n'est pas un objet ne peut pénétrer dans la pensée. — Cependant, le temps qui occupe une si large place dans le langage, comme en témoignent les temps des verbes, doit pénétrer avec eux dans la pensée quoiqu'il ne soit pas un objet : — En effet, je ne le vois ni ne l'entends, ni ne le sens; que devient donc ce principe?

R. — Votre conclusion, que le temps n'est pas un objet est très-exacte, mais les conséquences que vous tirez de sa prétendue présence dans la pensée, sont absolument fausses. — Pour prétendre que le temps a pénétré dans la pensée, par la partie antérieure, il faudrait pouvoir dire quelle image il y a laissée, quels sentiments il y a fixés, quelles qualités suivies d'actions il a déterminées dans les formes dont il procède; toutes choses impossibles, puisque le temps est une abstraction, mot que vous connaissez : cause inconnue d'effets constatés; cause nécessairement personnifiée par le mot temps, et qui ne reste pas moins inconnue.

D. — Quels sont les effets constatés qui nous ont fait donner le nom de temps à leur cause inconnue?

R. — C'est la succession des mouvements pendant la durée desquels tout naît, tout vit, tout se meut, tout meurt, pour renaître, revivre, se mouvoir et mourir encore indéfiniment.

D. — Je ne suis pas encore bien convaincu. Comment! je ne puis dire un mot sans faire usage du temps! et vous prétendez qu'il ne peut pénétrer dans la pensée, comment vous croire si vous ne me donnez pas de nouvelles preuves que je puisse mieux saisir?

R. — Ne me croyez pas, j'y consens; vous allez sans doute vous croire vous-même : Si l'on vous enfermait dans un lieu privé de lumière, où vous auriez les moyens de soutenir votre existence pendant quelques années, vous pourriez, mais en vain, vous livrer à des méditations nombreuses sur le temps. — Si, sortant de là, quelqu'un vous demandait combien de temps vous y êtes resté, — vous lui demanderiez à votre tour s'il se moque de vous. — Pas de sablier, pas de montre, pas d'horloge, pas de distinction entre le jour et la nuit, entre les longs et petits jours, entre les saisons chaudes ou froides; pas de calendrier enfin, ni moyen de s'en servir : — Vous voyez bien, diriez-vous à ce malavisé, que c'est à vous à me renseigner sur le temps qu'a duré ma captivité.

Vous lui diriez cela, et vous auriez raison; et cette raison est la condamnation, par vous-même, de votre croyance que le temps peut pénétrer dans la pensée. Quand il s'agit du temps, vous appelez à votre secours le sablier, la montre, l'horloge, la marche du soleil, la longueur des jours, la température des saisons; est-ce que vous auriez besoin de tous ces objets pour fixer le temps, soit comme image, soit comme sentiment, s'il était lui-même un objet.— Il n'en est rien, et les objets dont vous vous réclamez sont des repères qui vous aident à mettre de l'ordre dans vos actions; repères que toujours vous appelez le temps. — Et encore, ces objets suffiraient-ils à établir cet ordre dans les actions que comporte l'histoire des peuples? Evidemment non. Il a fallu recourir à un moyen général, qui est au temps ce que le mètre est à l'espace. C'est la division des mouvements de la terre en siècles, années, mois, semaines, jours, heures, minutes, secondes, avec un registre publiquement tenu aux parties duquel peuvent se rapporter, comme à une mesure, toutes les actions individuelles et tous les évènements du globe, et ce registre, qui remplace la mémoire absente, puisqu'il n'y a pas d'image possible du temps dans la pensée, s'appelle calendrier.

Etes vous convaincu maintenant que le temps, abstraction, ne peut pénétrer dans la pensée que sous forme d'objets de comparaison?

D. — Il faut bien se rendre à l'évidence et reconnaître deux espèces de temps : celui qui traîne après soi la vie et la mort, incessamment renouvelées, et le temps grammatical, qui n'est que le rapprochement des actions individuelles ou générales d'autres actions d'un corps qui fournit constamment des points de comparaison au moyen d'un registre publiquement tenu qui remplace la mémoire absente et se nomme calendrier. Vous voyez que je m'exécute; mais ce n'est pas tout, vous venez d'éveiller ma curiosité en comparant la mesure de division de l'espace aux mesures de division du temps ; est-ce qu'il y a un rapprochement possible entre l'espace et le temps?

R. — Il y a plus qu'un rapprochement, il y a connexité. Pour éviter de nouvelles questions et en finir d'un seul coup, j'y joins la matière et je vous dis : la matière est infinie, l'espace est immense, le temps est éternel; ces trois abstractions, trinité sacro-sainte, sommets du triangle au milieu duquel se place la cause inconnue dont ils procèdent, commandent notre admiration et nos respects sans qu'un seul mot du langage, impuissant d'ailleurs à le faire, doive intervenir pour sonder ce mystère à jamais impénétrable!

Nous allons maintenant appliquer ces principes à l'étude du langage.

Du verbe et du nom en général.

D. — Nous sommes arrivés au point où vous avez promis de faire connaître le moule, la pensée, dans ses rapports avec la partie moulée, le langage. Nous avons vu les objets pénétrer les premiers dans la pensée ; quel est le moyen de retrouver dans le langage la place qu'ils occupent dans la pensée ?

R. — Remarquez bien que vous dites : « Nous avons vu les objets. » L'action de votre vue allant au-devant des objets ou à leur recherche a donc précédé leur perception. — La vue est un verbe, et le verbe qui est l'action, la vie et la lumière doit être le premier mot du langage :

« Au sommet était le Verbe, et le Verbe était en Dieu, et Dieu était le Verbe *(in illo)*, en cette trinité était la vie et la vie était la lumière. »

Voilà, ce me semble, une justification absolue de la priorité qui doit être accordée au verbe, ou plutôt qui lui est due ; c'est en même temps une définition sublime.

D. — Est-ce que le verbe dont il est question dans votre citation a des rapports avec le verbe du langage ?

R. — C'est exactement le même : il signifie l'action, la vie, la lumière.

D. — Alors, qu'est-ce que Dieu, confondu dans ce verbe ?

R. — Dans ses rapports avec le langage, seul point qui puisse nous occuper, Dieu *(Deus, Divus)*, divinité, divin, divinement est, comme vous le voyez d'après sa triple formule, une qualité, fille de l'abstraction éternité (temps infini), et mère de la création, qui constitue la vie universelle.

D. — Qu'est-ce que la vie universelle ?

R. — La vie universelle (vie, viager, viagèrement), est encore, comme vous le voyez d'après ses trois formules, une qualité fille de l'abstraction immensité (espace infini) et mère des mouvements harmoniques de l'univers, qui constituent la vie générale.

D. — Qu'est-ce que la vie générale ?

R. — La vie générale, toujours dans les mêmes conditions, est une qualité fille de l'abstraction infinité (matière infinie) et mère de ses productions qui constituent la vie individuelle.

D. — Qu'est-ce que la vie individuelle ?

R. — La vie individuelle, enfin (individualité, individu, individuellement), est une qualité fille des formes des organismes produits par la vie générale et mère des actions de ces organismes.

Vie individuelle qui remonte à son origine, la vie universelle, par l'intermédiaire de la vie générale, et par le temps, fraction de l'éternité, résumant toutes les abstractions dans le mot Dieu, et fermant le cercle nécessaire de tout ce qui commence pour finir et recommencer encore.

Il en est ainsi des fractions de la vie sous ses trois formes.

Les vapeurs de l'Océan poussées par les vents arrivent aux sommets; condensées et sollicitées par la gravitation emplissent les sources; entraînées par leur poids et la pente, retournent à l'océan, leur origine, pour recommencer indéfiniment le chemin que nous venons d'indiquer; conséquence nécessaire des formes de chacune de ces parties de la vie générale à laquelle appartient notre planète, comme partie infinitésimale, — et ainsi de toutes les parties de la vie.

Remarques.

Au commencement, l'homme n'avait que des cris; la pensée est le créateur unique du langage, rendu possible par les formes de son organisme, production de la vie générale, son intermédiaire avec la vie universelle. — Or, la pensée n'a pu établir un seul mot qui n'ait son explication, par cela seul qu'elle ne les a créés que pour des besoins sentis, et si le mot Dieu reste une abstraction quant à l'organisme qui peut lui être propre, il est une création nécessaire de la pensée qui, connaissant les effets de la vie sous toutes ses formes, ne peut, comme nous l'avons vu, admettre des effets sans cause et donne toujours un nom à la cause des effets connus.

Entre la terre, partie de la vie générale, et ses productions, il y a tant d'affinités, une ressemblance si frappante qu'on ne peut s'empêcher de la reconnaître comme *alma parens*, mais les rapprochements saisissants que nous pourrions faire s'écartant des principes du langage, nous nous abstiendrons.

Nous allons pourtant dire un mot à l'occasion de la circulation des eaux sur notre planète : Si les eaux de la mer venaient à se corrompre, tous les habitants de la terre seraient asphyxiés : Les eaux seront donc salées pour éviter cette corruption. — Le sel pourrait se précipiter et ne plus arrêter la corruption. Le flux et le reflux, les vents mettront les eaux en mouvement de fond en comble et empêcheront cette précipitation. — L'eau salée n'est pas potable, et tout ce qui respire sur la terre émergée a besoin d'eau pure : Le sel ne se vaporisera pas à la même température que l'eau, et il restera dans la mer, attendant pour les saler, les eaux qui doivent y revenir.— Les vapeurs ainsi débarrassées des qualités du sel, nuisibles à leur nouvelle condition, arrivent aux sources, pures et convenables, pour les besoins des organismes.

Ces prévisions infinies s'étendent à toutes les parties de la constitution de la vie, sous toutes ses formes, et sont une réponse anticipée à ceux qui craindraient que les conséquences de l'énonciation de la puissance des formes ne conduisent à l'athéisme.

Les formes existent en prévision de tous les cas dans lesquels se rencontre la vie, et la forme ne peut pas se prévoir elle-même. — La prévision est une faculté de l'organisme, de la qualité première, que la pensée nomme Dieu. Donc point d'athéisme possible avec un raisonnement sain.

C'est pourtant à l'occasion de cette crainte que l'on a exercé la séquestration sur la pensée et abaissé les intelligences, quand des démonstrations multipliées, comme celle que nous venons de faire, suffiraient à écarter l'erreur.

Seulement, les démonstrations basées sur le raisonnement ne comportent pas la métaphysique, le surnaturel ni les prodiges.

En résumé, l'éternité, l'immensité, l'infinité, sont comme les trois sens de la pensée divine; l'éternité représentant la cause, et les deux autres les effets, ce qui constitue le verbe, c'est-à-dire l'action, la vie, la lumière. Et ce verbe se retrouve à tous les degrés de la vie sous ses différentes formes. Nous ne nous occuperons que de celui qui concerne l'humanité.

D. Que devient le verbe qui concerne l'humanité privé d'action par le refroidissement d'un membre de la vie individuelle?

R.— Il rentre dans la vie générale à laquelle il apporte aussitôt un concours actif, car rien n'est favorable à la production comme la décomposition des corps organisés.

D.— Que devient le verbe qui concerne la vie générale, privé d'action par le refroidissement d'un des membres qui la composent?

R.— Ce membre de la vie générale rentre dans la vie universelle par la dislocation de ses différentes parties projetées en fragments dans la voie des nébuleuses (voie lactée ou chemin de Saint-Jacques). Ces fragments se trouvent ainsi à la disposition de la vie universelle, pensée divine, qui les rend à la vie générale par leur emploi dans la formation de nouveaux corps sidéraux ou par leur direction sous formes d'étoiles filantes sur tous les corps de la vie générale, auxquels, réparateurs des parties amoindries, ces fragments apportent un contingent nécessaire à la conservation de leur équilibre; ils se nomment météores à l'approche des corps auxquels ils sont destinés; ils s'appellent aérolithes au moment de leur jonction à ces corps; — ils tracent dans tous les cas un rayon lumineux qui donne pour origine à la lumière l'action rapide. Ces deux natures de verbes sont, nous l'avons dit, des effets dont la pensée divine est la cause, verbe dont l'éternité échappe à toutes ces transformations qu'il préside, dirige et régularise, leur communiquant son éternité par la succession indéfinie de ces transformations. — Ainsi rien ne meurt, tout se transforme, et je répète :

In principio erat verbum, et verbum erat apud Deum, et Deus erat verbum, nihil quod factum est sine ipso factum est. — In illo vita erat et vita erat lux hominum eam autem non comprehenderunt.

D. — Qu'est-ce que le mot diable ?

R. — Le mot diable, toujours en le limitant à ses rapports avec le langage, diable, diabolique, diaboliquement, en y joignant enfer, infernal, infernalement, sont, d'après leur formule, des qualités, mais des qualités négatives, sans causes et par conséquent sans effets. Elles ne pourraient être filles que du chaos et des ténèbres, qui ne peuvent coexister avec l'ordre et la lumière, filles, comme nous l'avons vu, des formes de l'univers.

Tout au plus ces qualités pourraient-elles trouver leur place dans le chaos et les ténèbres d'une imagination déréglée. — Par exemple : C'est une pensée diabolique, infernale d'avoir supprimé la pensée de l'enseignement du langage et d'avoir établi autour d'elle la conspiration du silence, pour faire le chaos et les ténèbres dans cet enseignement.

D. — Alors, qu'est-ce que le verbe dans ses rapports avec le langage ?

R. — Le verbe, suivant sa nature, est la mise en action de tous les mots du langage, sans exception.

D. — Qu'est-ce que le nom?

R. — Le nom est la désignation de tous les mots du langage, sans exception.

D. — S'il en est ainsi, tous les mots du langage sont des verbes et tous les mots du langage sont en même temps des noms.

R. — Je n'ai pas voulu dire autre chose ; tous les mots du langage sont en même temps des verbes et des noms.

D. — Je ne veux plus vous montrer de défiance et vous en demander la preuve, vous me la donneriez de suite ; j'aime mieux attendre votre instant.

R. — Il est venu. Voici :

NOMS	VERBES	
Vue, ouïe, odorat, goût, toucher, image.	Voir, ouïr, sentir, goûter, toucher, imaginer.	
Observation, examen, constatation, jugement.	Observer, examiner, constater, juger.	Toutes les fonctions actives de la pensée, sens, photographie, sentiment, etc.
Crainte, amour, haine, convoitise, envie.	Craindre, aimer, haïr, convoiter, envier.	
Raisonnement, calcul, expérience.	Raisonner, calculer, expérimenter.	
Science, puissance, volonté.	Savoir, pouvoir, vouloir.	
Marche, course, chant, danse.	Marcher, courir, chanter, danser.	

QUALITÉS

Activité, propreté, piété, etc.

DEVENUES VERBES

J'ai de l'activité, de la propreté, de la piété.
Je suis actif, propre, pieux.

VERTUS

Bonté, charité, générosité.

DEVENUES DES VERBES

J'ai de la bonté, de la charité, de la générosité.
Je suis bon, charitable, généreux.

OBJETS

Bœuf, cheval, chèvre.

DEVENUS VERBES

Ils ont des pieds, ils sont agiles.
Ils ont une tête, une bouche, des yeux, des oreilles, des naseaux, etc., et sont d'une grande utilité pour l'homme.

Et passant ainsi en revue toutes les parties de leur organisme, on peut les constituer en entier et constater leur vie et leur mouvement, ce qui est le verbe.

Nous allons mettre ceci en lumière par un examen spécial du verbe et du nom, sous leurs deux formes de verbe-nom et de nom-verbe.

Du verbe.

D. — Qu'est-ce que le nom-verbe.

R. — Le nom-verbe est un sens, un sentiment, un organe, une action, une sensation, au repos, désignés par le nom de ce sens, de ce sentiment, de cet organe, de cette action, de cette sensation : Vue, voir ; crainte, craindre ; main, manier ; danse, danser ; souffrance, souffrir, etc.

4

Vue est un nom-verbe par la faculté qu'il a de le devenir : Voir.

D. — Cela étant, qu'est-ce que le verbe, produit d'un nom?

R. — Le verbe est un mot qui représente la mise en activité ou plutôt la mise en scène d'une des facultés de la pensée?

D. — Comment peut-on mettre en activité ou en scène une faculté de la pensée?

R. — D'une façon bien simple : Vous entendez un bruit, c'est un effet dont l'œil, sous le commandement de la pensée, recherche la cause, et voilà cette faculté de la pensée, l'œil qui sommeillait, mise en scène.

D. — Comment s'opère cette mise en scène?

R. — La vue se grime un peu, c'est-à-dire qu'elle change de position, presque de forme, puisque d'atone qu'elle était elle devient vive et brillante; d'autre part, dans le langage, elle change aussi de costume, c'est-à-dire que sans cesser d'être reconnaissable, du mot vue qu'elle était, elle devient le mot voir : — Voir est l'exposition du sujet de la pièce.

D. — Pour suivre votre métaphore, à la pièce il faut des acteurs, comment les trouver?

D. — Ce n'est point une métaphore ni aucune autre figure, je parle positivement et voici notre acteur, c'est toujours la vue qui le fournit moyennant un autre changement de costume : Voyant est son nom.

D. — Il faut au moins un second acteur pour donner la réplique.

R. — N'en soyez point en soin, encore un petit changement de costume, et nous avons notre homme : Vu, sera l'acteur qui donnera la réplique.

Ainsi, en trois mots dérivant du mot vue, qui dans ses diverses transformations ne perd jamais sa valeur première, nous trouvons une exposition claire, nette et précise de la pièce : Un premier rôle, voyant; un second rôle, vu, et un troisième rôle, à la cantonnade, avec lequel nous ferons bientôt connaissance.

D. — Puisque nous n'avons encoré que l'exposition, la pièce a-t-elle plusieurs actes?

R. — Comme toutes les bonnes pièces, elle est en cinq actes. Le premier, que vous venez de voir, ou plutôt dont vous venez de voir le cadre, comprend l'exposition et le nom des acteurs.

D. — Avec un seul mot, que peuvent se dire les acteurs?

R. — Premier rôle : Je te vois. Deuxième rôle : Je suis vu. — Il y a déjà là-dedans beaucoup de choses; ils s'occupent déjà de déterminer le temps où se passe leur action de voir, au moyen de la vue.

Quand nous disons le temps, à l'occasion du verbe, vous devez vous rappeler comment ce mot acquiert une valeur qu'il ne peut avoir par lui-même pour la pensée.

D. — Comment peuvent-ils déterminer ce temps, dont je me rappelle bien les conditions?

R. — C'est fastidieux à répéter, mais ils n'ont pas le choix des moyens : toujours changer de costume à chaque scène sans cesser d'être reconnaissables et d'être toujours la vue.

D. — En quoi consistent ces changements de costume?

R. — Presque rien : avec l'addition de quelques lettres et d'un petit mot, on obtient le détermination du temps et du rôle. Je ou moi, c'est le petit mot, s'applique à celui qui parle; celui-là tient le premier rôle : Je vois un objet; ou bien : j'ai la vue sur un objet; ou bien : je suis voyant un objet.

Tu ou toi, est le petit mot appliqué par le premier rôle à son interlocuteur, auquel il parle. — Vois-tu cet objet? ou bien : as-tu la vue sur cet objet? es-tu voyant cet objet? Il ou elle, est le petit mot qui s'applique au troisième rôle, l'homme à la cantonnade, dont parlent entre eux les deux premiers : il voit cet objet; il a la vue sur cet objet; il est voyant cet objet. C'est le troisième rôle dont nous vous avions promis la connaissance.

Il en est de même quand les acteurs parlent en nom collectif ou ensemble; seulement, au lieu de : je ou moi,

tu ou toi, il ou elle, les petits mots sont : nous, pour
le premier rôle qui parle ; vous, pour le deuxième rôle
à qui l'on parle ; ils ou elles, pour le troisième rôle,
de qui l'on parle.

Et dans les deux cas, si le troisième rôle intervient
dans la pièce et qu'il prenne la parole, il joue le premier rôle et devient : je ou moi ; de même pour le second rôle, s'il prend la parole, devient premier et ainsi
de suite à chaque tour de parole pris et repris, autant
de fois que ce changement se présente, aussi bien pour
les acteurs isolés que pour les acteurs en nom collectif.

Voici donc un exemple pour la vue et le verbe voir,
de la détermination du temps actuel par les moyens que
nous venons d'indiquer.

SINGULIER : Je vois.   PLURIEL : Nous voyons. ⎫
          Tu vois.   Vous voyez. ⎬ Temps actuel.
          Il voit.   Ils voient. ⎭

D. — J'ai remarqué dans ce que vous venez de dire,
que vous avez employé indifféremment trois formes pour
la mise en activité de la vue : celle résultant des simples
modifications de ce mot et celle résultant de l'adjonc-
tion des verbes avoir et être. Pourquoi ces trois formes
qui constituent un même verbe ?

R. — Je suis satisfait de votre réflexion. Elle prouve
l'attention que vous portez à mes paroles ; seulement,
cette mise en scène variée du mot vue, intentionnelle
de ma part, ne pourra trouver son explication que dans
le chapitre suivant.

D. — Je sais déjà que le temps grammatical est un
rapport entre les actions et le calendrier basé sur les
mouvements de la terre et leurs subdivisions que nos
sens peuvent percevoir comme objets, le surplus ne
pouvant pénétrer dans la pensée. Combien, en regard du
calendrier, y a-t-il de sortes de temps ?

R. — Il n'y a en réalité que trois temps : le passé, le
présent et l'avenir ou futur ; mais pour les besoins du
langage on a admis, pour les verbes, dans chacune de
ces trois fractions du temps, des temps relatifs, c'est-à-

dire des rapprochements du point où se fait une action avec le point où se fait une autre action.

· Je voyais, est un temps relatif appartenant encore, mais faiblement, au temps actuel.

Exemple.

Je voyais la carte de France quand vous êtes entré; vous voilà, je ne vais plus m'en occuper.

On voit par là, que la vue de la carte de France est inachevée lorsque se présente le visiteur et qu'elle appartient encore au temps actuel lorsque se fait la visite.
— On prétendrait donc à tort que l'imparfait (style barbare) est un temps passé. C'est un temps ou plutôt une action inachevée et par conséquent encore actuelle en présence de l'autre action qui vient l'interrompre.

L'imparfait est donc un temps relatif actuel :

SINGULIER : Je voyais.   **PLURIEL** : Nous voyions.
Tu voyais.   Vous voyiez.
Il voyait.   Ils voyaient.

J'ai vu; temps passé absolu : J'ai vu bien des choses dans mon existence.

Je vis; temps passé relatif indéterminé : Je vis cela un jour que je le rencontrai.

J'eus vu; temps passé relatif déterminé : J'eus vu le phénomène aussitôt qu'il s'est produit.

J'avais vu; temps relatif d'une action passée depuis longtemps : J'avais vu le phénomène se produire bien avant qu'il en fût question dans le public.

Je verrai; temps à venir absolu.

J'aurai vu; temps futur relatif : J'aurai vu votre livre avant deux jours, époque à laquelle vous me dites en avoir besoin.

Voilà le second acte, consistant pour la vue dans la détermination des temps passé, présent et futur, où se passe l'action avec les temps relatifs afférents à chacun de ces trois temps.

D. — Quel est l'objet du troisième acte ?

R. — C'est la condition que chacun des acteurs met à sa coopération à la pièce, condition qui fait cesser la coopération si elle n'est pas remplie, et qui ramène l'action au temps actuel si elle est exécutée.

Exemple pour le présent et le passé.

Je verrais si je n'avais pas un bandeau sur les yeux ; vous m'ôtez le bandeau : Je vois ; j'aurais vu si je n'avais pas eu un bandeau sur les yeux ; vous me l'avez enlevé : J'ai vu.

D. — Quel est l'objet du quatrième acte ?

R. — C'est un commandement qui ne peut être qu'actuel, à moins d'une indication d'avenir, car on ne peut commander dans le passé.

Une seule personne peut commander, c'est le premier rôle, je, qui s'adresse au second rôle, et qui peut se comprendre dans le commandement, et il y a toujours dans ce commandement une partie sous-entendue.

Exemple.

JE TE DIS (partie sous-entendue) : Vois cela de suite.
  —   —   Vois cela demain (futur exprimé).
  —   —   Voyons cela maintenant ou demain.

D. — Quel est l'objet du cinquième acte ?

R. — La manifestation des souhaits et désirs, dans les temps présent et passé, comme conséquence d'appréciations exprimées.

Exemple.

Il est bon que je voie.	Il était bon que j'aie vue.
Il serait bon que je visse.	Il eût été bon que j'eusse vu.

Dans cet avant-propos, nous n'avons donné que le premier rôle de chaque temps ; les compléter à l'exemple des deux premiers est bien facile.

Donner de suite la pièce entière avec toutes ses circonstances, s'appelle conjuguer. Cette règle s'applique à tous les verbes de cette première catégorie, qui trouveront leur différence de valeur dans la partie des opérations de la pensée à laquelle ils appartiennent et que nous ferons connaître dans les règles détaillées du langage. Ainsi l'on ne peut pas dire que le verbe aimer soit de même nature que le verbe danser.

J'aime danser, j'aime chanter, j'aime rire. — J'aime la campagne, j'aime la ville, etc.; toute la nature y passerait : savoir, vouloir, pouvoir, verbes de sentiment comme le verbe aimer. — C'est dans ces différences que nous trouverons les ressources nécessaires pour constituer le langage, car celui-ci n'ayant qu'un seul mot qui le compose, c'est dans les nuances de ce mot que se trouvera la variété nécessaire à sa constitution.

Nous allons maintenant examiner une nature de verbe tout à fait différente.

LES VERBES AVOIR ET ÊTRE.

Les verbes dont s'agit ont pour racine, non plus une partie de la pensée représentant ses opérations, mais une partie de l'organisme représentant sa constitution; c'est l'effet au lieu de la cause, car la vie qui est la pensée est la cause de l'organisme.

Au lieu d'un verbe pour donner la vie au nom, c'est un nom pour donner la vie au verbe.

Une faculté de la pensée attend son emploi, le verbe lui donne l'activité; un verbe attend son emploi, un nom lui donne l'activité.

C'est, on le voit, une opposition bien tranchée; et cependant nous venons de voir et nous allons voir encore que dans cette voie opposée, ces verbes si différents peuvent atteindre le même but, tant est absolue l'unité de la pensée.

Disons avant toute démonstration de cette théorie, que ces prétendus verbes avoir et être ne sont que des cadres de verbes quand ils sommeillent, comme les facultés de la pensée au repos ne sont que cadres de facultés. La danse, quand vous ne dansez pas, n'est qu'un cadre d'action, la danse ne devient un verbe que par les moyens dont nous venons de parler, et avoir ou être ne deviennent des verbes que par les moyens dont nous allons parler.

Les verbes avoir et être, ou plutôt ces cadres de verbes ne prêtent au nom qui leur donne la consistance que leurs temps absolus ou relatifs, que leurs circonstances conditionnelles ou impératives exprimant le désir, non plus de l'action dans le cas qui nous occupe, mais de la possession de la partie de l'organisme désignée par le nom qui complète le verbe avoir, et encore de l'expansion dans l'existence des conséquences de cette possession qui caractérise le verbe être.

Exemples.

J'ai des pieds, j'ai des mains; je suis agile, je suis adroit.

J'ai de la bonté, j'ai de la générosité; je suis bon, je suis généreux.

J'ai faim, j'ai soif; je suis affamé, je suis altéré.

J'ai une blessure, j'ai la fièvre; je suis blessé, je suis malade.

On voit qu'en continuant on pourrait constituer l'organisme en entier en indiquant la possession de ses parties au moyen du verbe avoir, et encore l'expansion dans l'existence des conséquences de cette possession qui caractérise le verbe être.

Mais, comme les facultés inertes de la pensée, ni l'un ni l'autre de ces verbes n'a de vertu par lui-même; c'est le nom qui désigne la partie constitutive de l'organisme qui est véritablement le verbe : J'ai une main; main est la partie essentielle du verbe avoir; main est le verbe, comme vue est le verbe dans les différentes combinaisons du verbe voir. Je suis adroit est la partie essentielle du verbe être; adroit est le verbe dans les mêmes conditions que la main vis-à-vis du verbe avoir une main : on peut dire aussi, j'ai la vue, et comme nous venons de le dire, la vue est trois fois le verbe.

En voulez-vous une preuve irréfutable, la voici :

Les verbes avoir et être peuvent remplacer tous les verbes en prêtant leur formule soit à une faculté de la pensée, soit à l'acteur qui constitue la partie essentielle du verbe ordinaire. Après le mot vue, le mot essentiel du verbe voir est le mot voyant.

J'ai, j'avais, j'ai eu, j'eus, j'eus eu, j'avais eu, j'aurai, j'aurai eu : la vue du clocher de mon village.

Je suis, j'étais, j'ai été, je fus, j'eus été, j'avais été, je serai, j'aurai été : voyant le clocher de mon village.

Je vois, je voyais, j'ai vu, je vis, j'eus vu, j'avais vu, je verrai, j'aurai vu : le clocher de mon village.

Si dans les deux premiers cas le verbe voir perd un peu de sa concision et de sa force, il ne perd rien de sa signification : — c'est la même pensée rendue sous trois formes.

Et remarquez bien ceci, c'est que le verbe avoir a nécessairement la priorité sur le verbe être, puisqu'une constitution doit exister avant que rien puisse s'épandre en elle, et ce qui est peut-être encore plus concluant, c'est que le verbe avoir prête sa formule au verbe être : *j'ai été.*

Qui donc pourrait soutenir décemment que dans la jonction du cadre de verbe avoir au mot vue, ce n'est pas ce dernier mot qui reste verbe quand il s'agit de voir.

Qui donc pourrait soutenir décemment que dans la jonction du cadre de verbe être au mot voyant, ce n'est pas ce dernier mot qui reste verbe, quand il s'agit de la vue.

Ce que nous venons de voir des verbes avoir et être nous dispense de toute observation, examen ou jugement sur le concours qu'ils prêtent à la conjugaison des autres verbes, puisque de leur nature ils forment des verbes avec tous les mots. Cette constatation donne satisfaction à ce qui aurait nécessité des explications si l'on eût moins connu le fonctionnement de ces verbes.

Il ne restera donc à faire connaître des verbes, dans les règles détaillées du langage, que la partie de la pensée à laquelle ils correspondent, ce que vous pourriez déjà faire sans mon concours, je le crois.

Du nom.

D. — Qu'est-ce que le nom ?

R. — De même que le verbe est un mot qui met en mouvement toutes les parties du langage, le nom, inséparable du verbe, est un mot qui désigne absolument toutes les parties du langage mises en mouvement par le verbe ; — et ces deux mots, dans leur unité par rapport au langage et dans leur connexité entre eux, n'ont pour différencier leurs parties que le rôle qu'ils jouent dans chacune des opérations de la pensée, de manière que c'est la pensée qui donne à chaque mot, nom ou verbe, sa valeur actuelle par l'emploi qu'en fait chacune de ses formes, condition nécessaire au langage, qui ne pourrait se contenter d'un seul ou même de deux mots pour la traduction qui lui incombe.

Nous avons donc :

Les verbes et noms photographiques et mnémoniques dans sa première forme.

Les verbes et noms de jugement et de sentiment dans sa deuxième forme.

Les noms et verbes de raisonnement, calcul et expérience pour aboutir aux sentiments, science ou conscience, puissance et volonté dans sa troisième forme.

Les noms et verbes du commandement de la pensée qui produit les actions.

Et, enfin, les noms et verbes des sensations rapportées à la pensée par les chemins détournés du toucher, que nous avons fait connaître.

En tout cinq espèces de noms et verbes.

Et ces parties divisées et subdivisées donnent tous les mots nécessaires au langage.

Et les règles du langage doivent consister uniquement dans l'indication des moyens de faire régulièrement les divisions, subdivisions et rapprochements nécessaires, sans oublier jamais le principe qui les domine et doit les diriger : la pensée.

Remarque.

Les noms des objets inorganisés ne peuvent inquiéter pour l'application de ces principes. — Tous les objets font partie d'un organisme commun, la terre, dont, comme nous l'avons vu, l'activité sert de règle à votre activité, comme l'activité d'autres corps sidéraux sert de règle à la sienne. — Les objets en apparence inorganisés sont les fractions et les formes de cet organisme : un précipice, un mur qui penche ne doivent qu'à leurs formes le jugement de la pensée qui les déclare dangereux. Ces formes, abstraction faite des qualités et actions absentes, n'en écartent pas moins ceux auxquels le danger qu'ils présentent a imprimé un sentiment de crainte qui reçoit satisfaction en se tenant éloigné de ce précipice, de ce mur penché, suivant les conseils du raisonnement, sans préjudice des moyens de le faire disparaître en comblant l'un et abattant l'autre.

Tel est dans l'organisme universel la puissance infinie de la forme, qu'elle peut, à la rigueur, se passer des qualités et actions d'un organisme pour produire leurs effets, comme nous venons de le voir.

Avant de clore cette exposition des principes du langage, je veux adresser quelques questions, non pas à vous, dont les réponses pourraient être suspectées, mais à la conscience générale.

1° Est-il possible d'enseigner le langage sans faire intervenir la pensée?

2° Que dire de cette séquestration séculaire de la pensée, quand il était si facile de la délivrer?

3° Comment qualifier tous ceux qui, le pouvant, ne l'ont pas fait?

4° Que penser de l'humanité si, depuis tant de siècles, il ne s'est pas trouvé un homme qui pût ou voulût le faire?

La réponse à ces questions qui me causerait le plus de satisfaction serait la preuve que tous les principes que je

viens d'exposer sont faux; — au moins la honte serait
pour moi seul.

Je ne compte point sur cette satisfaction, et, dans un
prochain opuscule, si Dieu me prête vie, et si le lecteur
m'en fournit les moyens, je donnerai les principes dé-
taillés du langage, sur les principes généraux que je viens
de faire connaître, comparés aux prétendus principes de
la Grammaire, représentant le chaos et les ténèbres.

COUP-D'ŒIL GÉNÉRAL

SUR

LA GRAMMAIRE

SUBSTITUÉE SUBREPTICEMENT A LA PENSÉE

DANS

L'ÉTUDE ou L'ENSEIGNEMENT DU LANGAGE

———⊷◦⊶———

Tout le monde a pu lire dans les journaux judiciaires l'histoire de ces malheureux enfants soumis à la séquestration par des parents dénaturés ; l'endroit-le plus retiré du logis, froid, humide, privé d'air et de soleil, est le lieu du supplice ; les mauvais traitements et les privations de toutes sortes en sont les instruments, et l'enfant martyr ne sortira de là, dans une position que nous ne saurions décrire, qu'à l'état d'idiotisme ou de cadavre ; — s'il en sort en état d'idiotisme, ne lui demandez pas de renseignements sur les sévices dont il a été l'objet, il ne saura répondre ; les voisins seuls pourront éclairer la justice à cet égard.

La grammaire est cette marâtre dénaturée ; elle a séquestré, martyrisé la pensée, et l'a réduite à l'état d'idiotisme ; ne demandez pas à la pensée comment cela s'est fait, elle ne le sait pas, son idiotisme tient de la folie ; à vos questions elle répondra qu'elle est en pleine possession d'elle-même ; qu'elle n'a point été violentée ; qu'à la place de Dieu elle aurait créé le monde comme ci ; qu'à la place du Roi elle gouvernerait le peuple comme ça. — Persuadez donc à des gens qui ont de telles pensées que leur intelligence est amoindrie.

Cela me rappelle un homme considérable qui criait à un groupe d'amis :

« Vous sentez-vous corrompus ? »

Il savait bien que la réponse lui arriverait telle qu'il la souhaitait.

Qui est-ce qui se sent corrompu ?

Mais la question était sciemment mal posée, et la réponse faite par des intéressés ne pouvait le laver du reproche de corruption qui lui était adressé. De même pour la pensée ; ne lui demandez pas si elle a subi la séquestration, la question serait également mal posée, et la réponse faite sous l'influence que nous venons d'indiquer ne serait pas concluante ; mais il faut voir si la grammaire a séquestré la pensée.

Tout se réduit donc à ceci :

Prouver que tous les mots, absolument tous les mots de la grammaire, depuis le premier jusqu'au dernier, sont des moyens de tenir la pensée à l'écart et de la priver de jour, de lumière, d'alimentation intellectuelle. — Ce sera prouver la séquestration et ses conséquences nécessaires.

Cette preuve, nous allons la fournir :

La grammaire va vous exposer les règles du langage ; n'attendez pas d'elle l'indication de la pensée comme étant son unique créateur ; n'attendez pas d'elle la peinture de nos cris primitifs modifiés peu à peu, grâce aux formes de notre organe vocal, pour constituer un langage nécessaire à l'expression de nos besoins d'abord, nécessaire ensuite à l'expression de ce qui constitue l'existence sociale, multiplication indéfinie des ressources de l'individu ; — ce serait enlever le masque de la pensée, la sortir de son réduit ; c'est le contraire qu'il faut attendre des efforts de la grammaire ; — elle dissimulera la pensée avec autant de soin que les parents criminels dont nous venons de parler, en mettent à dissimuler le réduit du pauvre séquestré.

Son premier mot est : *la grammaire* est l'art de parler et d'écrire correctement.

Nous savons le reste : la grammaire est un principe et la pensée un zéro.

Définition du nom (selon la grammaire).

Le nom ou substantif est un mot qui sert à nommer un être, c'est-à-dire une personne, un animal ou une chose, comme Paul, cheval, maison.

La grammaire va vite en besogne ; elle en est aux distinctions avant d'avoir établi les généralités.

Avant de nommer Paul, on l'a vu, et son image s'est fixée au cerveau.

Avant de nommer le cheval, on l'a vu, et son image s'est fixée au cerveau.

Avant de nommer la maison, on l'a vue, et son image s'est fixée au cerveau ; et ainsi de tout ce que l'œil peut voir.

Il y a, entre ces causes et l'image qu'elles ont produite, un lien inévitable : la pensée ; et la grammaire ayant décidé qu'elle tiendrait la pensée séquestrée, est obligée de sauter à pieds joints par-dessus les généralités nécessaires, à la suite d'un raisonnement ; elle s'en passe, c'est conséquent ; mais le dernier mot n'est pas dit. Examinons donc le résultat de sa définition isolée du principe général :

Il en résulte d'abord que Paul, cheval, maison sont chacun un être.

Il en résulte ensuite, aidant un peu à la lettre, que Paul est une personne, que cheval est un animal, et que maison est une chose.

Voilà donc à la charge de la grammaire qui a voulu esquiver le coup, quatre généralités à expliquer : Qu'est-ce qu'un être ? Qu'est-ce qu'une personne ? Qu'est-ce qu'un animal ? Qu'est-ce qu'une chose ?

Pour n'avoir pas commencé par la généralité, la grammaire est acculée dans une impasse, et cette généralité non satisfaite viendra toujours lui barrer le passage.

Ce n'est pas qu'elle s'en montre embarrassée ; dans

aucune de ses parties, vous ne trouverez l'explication d'un être, d'une personne, d'un animal ou d'une chose. — Lancer des mots et ne pas les expliquer est une nécessité de sa position, il ne faut pas démasquer la pensée.

Je vais pourtant venir au secours de la grammaire : Paul est une personne et joue son rôle dans la vie individuelle; cheval est une personne et joue un rôle semblable; maison est encore une personne et joue son rôle dans la vie générale; de manière que je, tu, il ou elle, qui représentent les personnes ou les rôles appliqués à chacune de ces causes, trouvent la place qui leur convient : j'aime Paul, *il* est aimable; je crains ce cheval, *il* est ombrageux; j'habite cette maison, *elle* est commode.

Paul est un être appartenant à certaine espèce de la vie individuelle; cheval est un être dans les mêmes conditions, à l'égard d'une espèce différente; maison est un être fraction de la vie générale.

Et tous trois peuvent faire ou occasionner des choses extraordinaires.

Je n'ai pas besoin de dire combien la valeur des mots être, personnes, animaux, choses s'éloignent ici du sens que leur donne la grammaire qui les emploie à contresens; j'ai fait de mon mieux pour rétablir les généralités si mal présentées par la grammaire, et surtout si peu justifiées.

Ce que je veux vous faire remarquer maintenant, en présence de cet imbroglio, c'est la simplicité de notre définition des généralités du langage : « Tout ce que l'œil peut voir, l'oreille entendre, l'odorat sentir, est un objet. »

Paul, cheval, maison sont des objets.

La grammaire n'a pas d'autre définition du nom que celle que nous venons de voir; comment parlerait-elle des noms qui désignent les sens, la photographie, la mémoire, le jugement, le raisonnement, le calcul, l'expérience, la conscience, la puissance, la volonté, l'action? Il lui faudrait, pour les expliquer, lever le masque de la pensée, et pour rien au monde elle n'y consentirait.

Ce n'est pas qu'elle reste muette sur les circonstances du nom, au contraire.

Les noms communs, les noms propres, les noms collectifs, généraux, partitifs, le genre, le nombre, le sens propre, le sens figuré, déterminé ou indéterminé, ne sont pas oubliés. Quand ses explications ne font courir aucun risque à l'objet de sa grande préoccupation, sa séquestrée, elle est intarissable. Nous n'avons pas à examiner ses définitions des adjectifs, des adverbes, des participes, ce sont des mots qui n'ont pas de raison d'être qu'elle a créés par pure fantaisie, précisément pour échapper aux explications qu'aurait nécessitées la réunion des trois mots indivisibles qui composent soit la qualité, soit le jugement, soit le sentiment.

Comment pourrait-elle dire ce qui va suivre :

Férocité s'applique aux formes ; féroce à l'animal ; férocement à ses actions.

Danger est une appréciation de l'individu menacé par la férocité.

Dangereux est l'indication du point de départ du danger.

Dangereusement est la désignation d'actions menaçantes, conséquences du danger.

Crainte est l'impression produite sur l'individu menacé par le danger.

Craintif est l'écho de cette impression sur la constitution de l'individu menacé.

Craintivement est le commencement des suites données à la crainte.

Comment, disons-nous, la grammaire pourrait-elle expliquer ces mots sans trahir le réduit où elle enferme la pensée ?

Alors elle a tourné la difficulté, et sans rime ni raison, férocité, danger, crainte sont des noms ou substantifs.

Féroce, dangereux, craintif sont des adjectifs.

Férocement, dangereusement, craintivement sont des adverbes, sans aucune explication sur ce classement si divers, — de la qualité féroce ; du jugement danger ;

du sentiment crainte, qui n'ont pas entre eux la moindre analogie quant à la valeur du mot.

Ces transes-de la grammaire, à l'occasion du nom, ne sont rien en comparaison de celles qui l'attendaient dans la définition du verbe, aussi a-t-elle pris le seul parti qui pût assurer son repos, c'est de ne le pas définir du tout. C'est ce que nous allons examiner.

Du verbe de la grammaire.

« 74. Le verbe est un mot qui affirme que la ma-
« nière d'être (action ou état) exprimée par l'attribut
« convient au sujet.

« Ainsi, quand je dis : Dieu est bon, le mot est af-
« firme que la manière d'être exprimée par l'attribut
« bon convient à Dieu. Dans cette phrase, le verbe est
« donc le mot est.

« 75. Le verbe être est le verbe essentiel, le verbe
« proprement dit ; tous les autres verbes sont formés du
« verbe être et d'un attribut, et on les appelle verbes
« attributifs ; ainsi, jouer, finir, lire sont des verbes at-
« tributifs parce qu'ils sont mis pour être jouant, être
« finissant, être lisant.

« 76. Le verbe être et le verbe avoir sont appelés
« verbes auxiliaires quand ils aident à conjuguer les au-
« tres verbes. »

Je ne sais si d'après tout ce que nous avons dit jusqu'à présent du langage, vous voulez bien me supposer quelque faculté d'analyse, j'aime à le croire. Je vous déclare donc que malgré toute ma bonne volonté et tous mes efforts, après une lecture attentive et répétée de cet article de grammaire, il m'est impossible d'y rien comprendre et d'y reconnaître l'ombre d'une définition du verbe.

Je m'y attendais, du reste, car il est impossible d'aborder ce sujet sans faire intervenir la pensée qui est le verbe. — Tout examen de cette définition du verbe m'est donc interdit, puisque je n'y comprends absolument rien.

Je ne vois dans cet article qu'une affirmation pyramidale, à savoir que le verbe être est le verbe essentiel, le verbe unique qui renferme en lui seul tous les verbes.

Nous n'aurons pas de peine à renverser cette pyramide, et voici comment :

Il est évident, incontestable, certain qu'une conséquence, qu'un effet ne peuvent pas primer, précéder le fait ou la cause dont ils émanent. — Si donc la simple formule être ne peut s'adjoindre qu'une conséquence, qu'un effet, il s'ensuit qu'elle est primée, précédée par le mot qui établit le fait ou constate la cause dont s'agit.

J'ai un pied, est un fait établi par le verbe avoir ; je suis agile, n'est qu'une conséquence de ce fait, car si vous n'aviez pas un pied, vous ne pourriez pas courir et ne seriez pas agile.

J'ai un pied, est une cause d'agilité dont le verbe être fait seulement ressortir les effets.

Donc, le verbe avoir un pied est un verbe sans lequel le verbe être agile n'existerait pas, comme nous l'avons déjà démontré, ce que nous faisons encore pour la troisième fois. Le verbe avoir est auxiliaire dans les verbes positifs ; le verbe être n'est auxiliaire que pour les verbes qui ne sont que des conséquences : je suis tombé, je suis allé, je suis venu. Quand on veut, comme nous l'avons fait, conjuguer des verbes positifs entièrement avec les formules avoir et être, — le verbe avoir prête sa formule à la racine du verbe, au verbe lui-même, tandis que le verbe être ne prête sa formule qu'à une conséquence du verbe : j'ai la vue du clocher, je suis voyant le clocher. On ne pourrait pas être voyant si on n'avait pas la vue.

Une dernière preuve de l'infériorité du verbe être et de la priorité nécessaire du verbe avoir, c'est que ce dernier prête sa formule au verbe être qui, dans toutes ses conditions, n'existe que par le verbe avoir.

Et voilà le verbe essentiel, le verbe unique qui les renferme tous !

Je craindrais d'ajouter à cela un seul mot : « *facit indignatio versum.* »

Je ne puis plus maintenant, comme je l'ai fait pour le

nom, mettre en regard d'une définition que je ne rencontre pas, nos définitions du verbe si éclatantes de lumière, de vie et d'action qui nous ont conduit à travers
l'éternité à la vie universelle, à travers l'immensité à la
vie générale, à travers l'infinité à la vie individuelle, qui
retourne à son origine, la vie universelle, par le temps,
fraction de l'éternité, formant ainsi le cercle sans fin
qu'on retrouve dans toute la nature et que nous avons
signalé.

Et quand je parle avec éloge de nos définitions du verbe,
notez bien que je n'en retiens aucune part. Elles sont de
Jésus selon saint Jean, *in principio erat verbum*, etc. Je
n'ai fait que vous les traduire et je vous en ai prévenu.

Et maintenant, descendrons-nous encore à l'examen
de la grammaire quand nous savons qu'aucun de ses
mots ne s'appuie sur son principe, au contraire.

Faisons un effort pourtant, et dans les nombreuses
circonstances du verbe qu'elle touche pour l'obscurcir,
prenons encore un exemple : ses verbes impersonnels.

Je vous parle, vous me répondez, nous parlons d'un
tiers, et dans ces trois personnes il se trouverait une personne escamotée comme le verbe être escamote tous les
verbes ? c'est de la magie.

Quand vous dites : il tonne, vous le dites parce que vous
entendez le tonnerre.

Quand vous dites : il pleut, vous le dites parce que vous
entendez, voyez ou sentez la pluie ; vous pourriez donc
dire : j'entends le tonnerre, je sens la pluie, et l'impersonnel disparaît, donc, l'impersonnel consiste dans la
suppression d'un membre de phrase, c'est une abréviation admise par l'usage qu'il faut expliquer sans donner
le rang élevé de verbe à cette défectuosité inoffensive du
langage.

Il faut, qui tend à remplacer l'impératif, est encore
une abréviation plus hardie qu'il est bon d'expliquer :
falloir signifie absence d'un moyen de satisfaction des
besoins, des désirs, etc. Le pain me faut, je n'ai pas de
pain ; l'argent me faut, je n'ai pas d'argent ; là-dessus
l'usage admet les abréviations les plus extraordinaires.

— Les voleurs laconiques dans leur : bourse ou la vie, sont encore plus laconiques dans : il me faut ton argent — traduction de ton argent me faut, me manque, donne-le-moi ; on voit l'abréviation. Il faut est généralement employé comme impératif, circonstance du verbe peu usitée : il faut aller là, c'est-à-dire ta présence là faut, manque, vas-y — abréviation. Au lieu de donner ces explications, la grammaire crée un verbe qui n'existe pas, c'est le parti pris de séquestration de la pensée ; il faudrait expliquer ce que c'est qu'entendre le tonnerre ; elle ne le veut même pas, la plus petite explication la trahirait.

Pourquoi cette horreur de la grammaire pour tout ce qui touche à la pensée ? C'est que de la moindre explication sur la pensée ressort nécessairement ceci :

« *Et tout ce qui n'est pas un objet ne peut pénétrer dans la pensée.* »

Et nunc intelligite, erudimini.

D. — Vous n'avez point encore parlé des mots du langage qu'on nomme article, pronom, préposition, conjonction, interjection, cependant ils doivent appartenir à un principe que je désirerais connaître ?

R. — Les mots dont vous parlez sont inséparables du nom et ils ont le même principe ; ce sont des espèces de satellites qui complètent le système sans y rien changer ; ils ne peuvent faire partie des principes généraux dont nous nous occupons, et ne peuvent faire partie que de l'application détaillée de ces principes ; tout ce que nous pouvons dire maintenant de ces sortes de mots, c'est que, dans la grammaire, ils se présentent d'une manière encore plus déplorable que les autres mots, si c'est possible, toujours sous l'empire de la même préoccupation.

Vous avez vu les causes qui nous ont fait éliminer l'adjectif, l'adverbe et les participes, cela complète les dix sortes de mots dont parle la grammaire. A propos de ce dernier mot, les participes, je vais vous donner une idée du sans gêne avec lequel la grammaire a établi ce qu'elle appelle l'accord des participes, règle étrange s'il en fut.

Nos maîtres en fait de langage, les Latins, avaient dans tous leurs mots et pour tous les cas des changements de terminaison qui rendaient évident l'accord des mots, de manière que les mots déplacés pouvaient toujours être ramenés au mot principal dont ils dépendaient à la simple vue de l'analogie dans les terminaisons. Ainsi, un mot principal et tous ses accessoires commandaient un verbe; ce mot et ses accessoires avaient tous la même terminaison relative; un autre mot et ses accessoires, commandés par le même verbe, avaient également tous une autre terminaison relative, et si l'un des mots commandés par le verbe avait besoin d'être placé devant ce verbe, il n'en conservait pas moins sa finale de mot commandé, que l'on ne pouvait pas confondre avec le mot commandant ou sujet du verbe.

Dans nos pronoms indéclinables, la grammaire n'avait point cette ressource, et elle n'a trouvé rien de mieux, ne pouvant faire ainsi un accord apparent du nom avec le pronom, que de faire cet accord avec le verbe qui se trouve ainsi faussé dans son principe immuable, sans profit aucun pour la clarté du langage, ainsi que le démontrera l'application de nos principes, quoique ce soit déjà l'évidence.

Je tenais à donner à ceux qui vont nous succéder, cette espérance d'être débarrassés d'une entrave, quelque légère qu'elle soit, et d'écarter de l'enseignement cette partie infinitésimale du contre-sens continu qui marque l'ensemble de la grammaire.

D. — J'ai écouté très-attentivement vos définitions des verbes, et si mon amour-propre a pu me faire croire que j'avais compris les mêmes définitions dans la grammaire, je reconnais volontiers mon erreur que vous avez rendue si évidente. — Je me vois maintenant au Lycée, entouré de tous mes camarades du même cours, auxquels j'ai communiqué vos instructions; nous attendons le professeur, il arrive et commence aussitôt ses explications sur le verbe attributif, verbe être, verbe essentiel, seul verbe qui renferme tous les autres, etc., etc.

Vous voyez d'ici l'effet : .....*tollent equites peditesque cachinnum* — immense éclat de rire.

Je suis certain que personne désormais ne refusera de reconnaître la pensée comme principe du langage, principe dont les conséquences sont nécessaires dans le sens que vous indiquez par rapport au langage.

Mais pourquoi ne donnez-vous pas en même temps que ces principes leur application détaillée que vous promettez de donner plus tard?

C'est que je ne partage point vos illusions de jeunesse. — Je ne crois pas que du premier coup chacun soit disposé à reconnaître qu'il a été, à l'occasion de la grammaire, victime d'une immense mystification. Que chacun soit disposé à reconnaître l'abaissement des facultés qui s'en est suivi, et vous allez entendre, sur des faits qui vous paraissent simples et logiques, un concert qui vous étonnera; vous saurez alors que j'ai touché juste.

Quant à différer l'application des principes généraux posés, je veux donner le temps à toutes les objections de se produire, à toutes les observations d'arriver. Je les sollicite, elles m'aideront et m'éclaireront dans mon travail qui ne sera plus mien, confondu qu'il sera dans les communications qui m'auront été faites, et dont je tiendrai grand compte.

Et puis ces principes généraux ne sont pas applicables seulement à la langue française, une traduction en langue étrangère ne s'accommoderait pas de ce qui ne regarde que notre langue.

Voilà les considérations qui m'ont fait séparer les deux ouvrages.

Je mets d'ailleurs celui qui reste à faire au concours; je fournis les principes et ne m'inscris que comme simple concurrent. — Le prix sera le plus beau qu'on puisse ambitionner quand on a bien fait :

La satisfaction de soi-même.

Contre-partie de la honte infligée à ceux qui font le mal; sanction finale de tout ce qui arrive dans les deux genres : bien et mal, résumé dans ce beau vers de Juvenal :

Virtutem videant intabescantque relictâ.

Voir la vertu est le supplice de ceux qui l'ont délaissée.

Voir la réhabilitation de la pensée sera le supplice de ceux qui l'ont séquestrée.

BAR-SUR-SEINE. — TYPOG. ET LITHOG. SAILLARD.

DEUXIÈME PARTIE

———◆———

APPLICATION, A L'ENSEIGNEMENT DU LANGAGE, DES PRINCIPES
PRÉCÉDEMMENT POSÉS

———◆———

OBSERVATIONS PRÉLIMINAIRES

———◆———

Arrivé à ce point de notre Entretien familier sur les principes généraux du langage, et de nos critiques sur l'omission calculée de la pensée dans son enseignement, l'idée nous est venue de faire imprimer notre ébauche et de la distribuer aux corps savants, à des hommes compétents qui, dans notre pensée, devaient nous retourner des appréciations, des observations, de bons conseils, et des encouragements.

Notre attente n'a été que très-incomplétement satisfaite, nous avons été le semeur qui sort pour jeter la semence *(et exiit seminare qui seminat semen suum)*; la partie tombée sur la pierre sèche est morte brûlée ; la partie tombée parmi les épines est morte étouffée ; la partie tombée sur la bonne terre a fructifié.

Les uns n'ont pas donné signe de vie, les autres nous ont fait un simple signe de politesse, les autres enfin nous ont donné satisfaction.

De cette correspondance nous ne retiendrons que deux lettres, parce que, dans leurs deux sens opposés, elles résument toutes les autres qui grossiraient l'ouvrage sans profit.

Voici la première lettre :

RÉPUBLIQUE FRANÇAISE.

MINISTÈRE DE L'INSTRUCTION PUBLIQUE ET DES CULTES.

MONSIEUR,

Vous avez bien voulu adresser à Monsieur le Ministre un exemplaire de votre *Entretien familier sur l'Etude du Langage.*

Monsieur le Ministre me charge de vous exprimer ses remercîments, pour l'envoi de cet *intéressant* travail, dont il ne pourrait voir la continuation qu'avec plaisir.

Recevez, Monsieur, l'assurance de ma considération distinguée.

Le chef du Cabinet,

E. signature illisible.

Voici la seconde lettre :

MON CHER MONSIEUR GUYOT,

Je vous demande bien pardon d'avoir tant tardé à vous écrire. Je voulais, dans la lettre que je me promettais de vous adresser, vous donner une appréciation définitive de votre brochure, résultant des appréciations diverses qu'en auraient faites les personnes à qui j'ai confié, en votre nom, le soin de l'examiner.

.   Malheureusement, je ne puis encore aujourd'hui vous rien dire de définitif, tant on est réservé, paraît-il, quand il s'agit de porter un jugement qui pourrait être la condamnation d'un vieux système.

Certains jeunes gens, tout en appréciant la méthode scientifique de votre ouvrage, soutiennent que le vieil enseignement, procédant par *fictions* et *comparaisons*, peut cependant être défendu et, jusqu'à un certain point, purgé de l'accusation que vous portez contre lui.

J'espère une déclaration plus positive de la part d'un maître de conférences à l'Ecole normale supérieure, qui, actuellement, a entre les mains un exemplaire de votre ouvrage, et ne tardera pas à me faire connaître l'impression qu'il aura produite sur lui.

Voilà, mon cher Monsieur Guyot, ce que j'avais à vous dire.

Agréez, etc. —————————— L. D.

Disons de suite que tous les officiers de l'Université ont été la pierre sèche qui brûle la semence et que l'attente d'une réponse est pure illusion.

Nous ne voulons pas tirer grand argument de ces deux lettres, nos principes prévaudront par eux-mêmes, nous ferons seulement sur chacune une simple remarque :

Nous disions à l'Université : Votre enseignement est déplorable, il conduit à l'idiotisme, il est une immense mystification, et le grand maître de l'Université nous répond : votre ouvrage est intéressant, j'aurai plaisir à vous le voir continuer.

Ajoutons que la même bienveillance, le même désir, nous sont exprimés par tous ceux dont nous avons reçu réponse.

Cette parole d'encouragement ne sera pas perdue.

Voici sur la seconde lettre notre simple remarque :

L'élite de notre jeunesse studieuse, les élèves de nos trois grandes écoles à qui s'adressait notre communication, trouvent qu'on peut enseigner le langage, science exacte s'il en fut, par *fiction* et *comparaison;* malheureuse vérification de nos appréciations sur la grammaire qui produit l'idiotisme, et sera bientôt reconnue par ceux-là mêmes qui la défendent encore aujourd'hui, pour une immense mystification.

Sur ce, décidé à continuer notre travail pour l'application de nos principes, nous avons réfléchi que, proposant un concours, il ne serait peut-être pas généreux de conserver des armes cachées qui devraient nous rendre la victoire plus facile.

Donc, tout en maintenant notre proposition de concours, obéissant à notre conscience, voulant répondre au désir de Monsieur le Ministre et des hommes compétents qui nous ont marqué de la bonne volonté, nous allons dire d'une façon générale tout ce que nous savons sur l'application à l'enseignement du langage, des principes ci-devant rappelés.

Avant d'entrer dans les détails de cette application, il nous faut revenir sur un principe général que nous avions tenu en réserve pour servir de préface au *Catéchisme grammatical* à l'usage de la jeunesse, mis en concours, principe général dont nous ne pouvons plus retarder la communication, puisque nous allons entrer dans des détails pour lesquels il est d'une application immédiate.

Ce sera notre avant-propos de cette deuxième partie.

AVANT-PROPOS

Les méthodes d'enseignement du langage n'ont, heureusement, pas plus d'influence sur sa composition que l'ancien enseignement de l'astronomie ne pouvait avoir d'influence sur la marche de l'univers. — Malgré les fausses leçons dans les deux genres, les astres ont continué leur cours régulier, et le langage a continué à traduire fidèlement la pensée.

Est-ce à dire qu'il soit indifférent de recevoir de bonnes ou de mauvaises leçons? Il s'en faut beaucoup que telle soit notre pensée, nous voulons dire simplement qu'après un enseignement vicieux, comme celui donné de nos jours, les natures d'élite se recueillent, emploient leurs loisirs à chercher la vraie voie en dehors des voies tracées par la routine, et rencontrent enfin un langage admirablement préparé pour se prêter à toutes les inspirations du génie.

C'est que le langage n'est l'œuvre ni d'un seul jour, ni d'un seul homme; il est l'ouvrage d'un grand nombre de siècles, et de la pensée de tous les individus qui les ont successivement traversé; son but étant la mise en commun de la pensée de tous dans l'intérêt de chacun.

Mais, en dehors des natures d'élite, dont nous venons de parler, qui retrouvent seules le chemin qu'on leur a fait perdre, il y a les natures paresseuses ou sans loisirs, majorité immense à côté de rares exceptions, et pour celles-là les effets d'un faux enseignement sont déplorables.

La composition du langage a été d'abord fort restreinte, quand la pensée n'avait à diriger que les formes simples et primitives de l'organisme auquel elle commande, les cris alors pouvaient suffire. — Les vagissements de l'enfant au berceau expriment suffisamment ses besoins ou ses douleurs, la mère comprend ce langage.

Dans un autre ordre d'idées, que servirait au cheval d'être doué d'une pensée plus active et de pouvoir la traduire, lui qui ne pourrait ajouter la moindre forme artificielle à ses formes naturelles ; il aurait seulement le regret de ne pouvoir rien exécuter de ce que sa pensée aurait conçu. Il n'est point, heureusement, exposé à ce supplice, et sa pensée n'a et ne peut avoir qu'une portée en rapport avec ses formes organiques, il en est ainsi de tous les animaux ; ceci est providentiel, c'est-à-dire l'effet d'une prévision de la pensée première, qualité Dieu.

Quant à l'homme il possède un manche qui s'adapte à toutes les formes, c'est de sa main que nous voulons parler ; il a pu d'abord l'armer d'un bâton pour vaincre ses ennemis ou s'en défendre ; ce bâton est bientôt devenu entre ses mains un levier simple d'abord, puis un levier compliqué d'un point d'appui, c'était déjà de la mécanique ; malgré cette force ajoutée à la force naturelle, les forces individuelles sont devenues insuffisantes pour satisfaire au désir du mieux, et l'on a cherché à organiser les forces collectives ; c'est ici que le besoin d'un langage expressif, autre que les cris, a commencé à se faire vivement sentir ; quand on veut associer les forces il faut bien s'entendre sur les moyens de les combiner. Le langage a donc suivi pas à pas l'accroissement des formes artificielles ajoutées aux formes naturelles, tout cela dirigé et commandé par la pensée et exécuté par l'organisme. C'est dire que la pensée, l'organisme et le langage seront toujours progressifs tant qu'il restera une forme artificielle à découvrir.

Une fois les moyens d'attaque et de défense trouvés, une fois les moyens de satisfaction des besoins organisés, la pensée plus libre pouvait se livrer aux idées spéculatives. — D'où vient le froid ? D'où vient la chaleur ? Pourquoi ces retours périodiques de l'un ou de l'autre ? Pourquoi cet abattement avant l'orage ? Pourquoi ce soulagement après la pluie ? Pourquoi ces vents, ces marées ? Que font ces lumières sans nombre qui scintillent au firmament pendant les belles nuits étoilées ? Qui a fait tout cela? Pourquoi le bonheur? Pourquoi le malheur? Pourquoi....? Pourquoi....? Pourquoi....? Et le langage fut obligé de suivre la pensée dans ses pérégrinations infinies à la recherche des solutions de toutes les questions. C'est grâce à lui qu'elles ont été résolues en grande partie, car il est le lien des intelligences, et le concours de toutes les intelligences de tous les temps pouvait seul nous amener au point où nous sommes parvenus.

Mais combien de siècles se sont écoulés avant que cette seconde partie de la tâche de la pensée ait pu recevoir un commencement d'exécution. C'est que si l'organisme a pu d'abord saisir un bâton principe de toutes les additions artificielles à ses formes naturelles, les formes de la pensée étaient autrement difficiles à compléter, et, phénomène incroyable, la pensée a encore plus besoin que l'organisme d'additions complémentaires à ses formes pour se manifester dans toute sa vitalité.

Le fil à plomb, l'équerre, le niveau, le télescope, la pile, le baromètre et tant d'autres présentes et à venir sont des additions aux formes de la pensée.

Que serait la vue aux prises avec les profondeurs de l'espace, pour y découvrir les astres et leurs mouvements, sans le secours du télescope qui est une forme artificielle ajoutée à l'œil, forme naturelle de la pensée.

Ce retour si fréquent de l'organisme et de la pensée, mis constamment en regard l'un de l'autre, nous fait penser que nous devons à cet égard une explication; il semblerait en effet résulter de ces rapprochements continuels de l'organisme et de la pensée, avec les différences qui en ressortent, qu'il y a pour ainsi dire deux individualités dans le même individu.

Il n'y a pas deux individualités dans le même individu, mais il y a dans le même individu deux natures essentiellement distinctes, sans que jamais une parcelle d'une de ces deux natures puisse se confondre avec une parcelle de l'autre, fait délicat dont nous allons faire connaître les causes le moins mal que nous pourrons.

Il s'agit du principe général dont nous parlions avant de commencer cet avant-propos :

Dans la transmission de la vie le concours de l'un des contractants est instantané, et consiste dans le dépôt du principe vital, c'est-à-dire d'une portion de son cerveau ; tandis que le concours de l'autre contractant est consécutif, et consiste dans l'addition de parties organiques au principe vital, parties qui le recouvrent successivement et le font grandir avec elles dans un temps plus ou moins long.

On a beaucoup crié contre un concile qui avait posé deux questions relatives à ces deux natures : Utrum semen ? Et aussi : la femme donne-t-elle l'âme ? Après les avoir dénaturé pour les calomnier, prétendant que le concile avait dit : la femme n'a point d'âme ou pensée, on a trouvé ces deux questions monstrueuses ; tandis que ce concile, alors que les conciles cherchaient encore à faire progresser l'humanité, posait les deux questions les plus élevées à la fois de la théologie philosophique et de la philosophie théologique.

Qui donne ou transmet le principe vital ? Qui donne ou transmet le principe organique ? Les deux principes sont-ils transmis concurremment ? Ou chacun des deux contractants transmet-il un principe différent ?

La solution a été et devait être que les contractants procédant eux-mêmes de deux principes différents ne peuvent transmettre, chacun, que celui résultant de ses formes, ne permettant à l'un que le dépôt instantané, à l'autre que la formation consécutive à long terme. Et ce qu'il y a de remarquable dans ces conditions si différentes en apparence, c'est que la cause première pensée divine, qualité Dieu, a trouvé moyen de donner à chacun des contractants une part exactement égale et semblable dans la transmission de la vie. En effet le résultat du concours de l'un ne peut exister que par le résultat du concours de l'autre, et ce qui complète l'égalité dont nous parlons, c'est qu'il sort de ces deux concours un produit homogène qui donne en nombre à peu près égal des contractants d'une sorte, des contractants de l'autre sorte qui rendront ce qu'ils ont reçu et dans les mêmes conditions. La pensée n'agit pas, mais elle pense pour l'organisme. L'organisme ne pense pas, mais il agit pour la pensée, et sous quelque face que l'on regarde les faits, on trouve une égalité parfaite dans le résultat de l'apport des contractants, ce qui les met eux-mêmes sur le pied d'une parfaite égalité.

Nous aurions bien voulu et nous aurions pu être plus explicite, mais on comprendra facilement les ménagements de langage nécessaires en semblable occurrence.

Il nous reste à fournir une preuve matérielle du contingent fourni, par chacun, dans la transmission de la vie : principe vital ou portion du cerveau d'un côté ; principe organique viscères et organes de l'autre.

Voici cette preuve :

Vos poules sont privées de tout concours possible pour la transmission de la vie. Ce concours viendra-t-il ? il peut venir, et le principe organique est préparé. Le concours ne vient pas, l'œuf s'achève néanmoins et mangé comme les autres œufs il a absolument les mêmes qualités nutritives, mais soumis à l'incubation il ne produit aucun résultat.

Au contraire au moment de la préparation de l'organisme votre basse-cour s'est-elle enrichie d'un coq, cassez l'œuf et vous verrez au milieu de l'organisme préparé un point ou plutôt une matière blanche qui est une portion du cerveau du coq, phénomène que dans tous les cas vous me dispenserez de vous démontrer, car il est l'évidence même.

Les œufs ainsi complétés, soumis à l'incubation, sont propres à la reproduction. Le principe vital y anime l'organisme préparé, et celui-ci fait grandir avec lui le principe vital consécutivement pendant la durée nécessaire de l'incubation, et des coqs et poules en proportion convenable sont le résultat des dispositions et formes naturelles des deux contractants.

Et qu'on ne dise pas qu'il n'y a aucune comparaison, aucun rapprochement possible entre les gallinacés et l'humanité. La vérité est que d'un bout à l'autre des productions de la vie générale, sans exception aucune, en y comprenant même les végétaux, tout part d'un même principe et peut être ramené à l'unité des moyens, les différences ne portent que sur la forme. Pas un homme sérieux dans les sciences ne pourrait contester ce fait.

Et le langage n'ayant à constater que ce qui frappe les sens dans les conditions générales que nous avons indiqué doit nécessairement arriver à la même unité qui se contente d'un mot pour sa composition, le nom-verbe et ses accessoires.

Ces explications étaient indispensables avant d'entrer dans les détails relatifs à l'enseignement du langage. — Car si les mots tirent leur valeur de la partie de la pensée où ils sont admis, jugés et discutés, les actions tirent leur valeur des parties de l'organisme qui exécutent les ordres de la pensée ou qui, au contraire, lui transmettent les sensations qui ne peuvent avoir été prévues par elle. — Une tuile qui tombe sur la tête ne peut avoir été prévue par la pensée. — Prévenue de cet accident par les filets nerveux qui en ont reçu le contre-coup, la pensée n'a plus, par le raisonnement, qu'à trouver les moyens d'y remédier ; mais ni la mémoire ni le jugement n'ont à intervenir en cette circonstance.

Il y a donc rapports continuels entre les deux natures que nous venons de faire connaître, rapport dont l'étude du langage va démontrer la nécessité puisqu'il les fait connaître tous sans exception.

Et le langage bien étudié, bien connu, prouvera mieux encore que nous n'avons pu le faire, la vérité de nos principes généraux et la vérité complémentaire des propositions contenues dans ce préambule.

Notre tâche maintenant est de démontrer la valeur pratique de nos principes, et de les substituer à mesure de cette démonstration, je ne dirai pas aux principes de la grammaire qui n'en présente pas un, mais à son gâchis, à son galimatias, à son idiotisme, à sa folie. Nous disons cela nettement ici pour n'avoir pas à le répéter à chaque mot que nous allons examiner. Nous laisserons au lecteur, à chaque différence que nous signalerons, le soin de choisir l'une de ces quatre expressions, et nous sommes sûr qu'il trouvera toujours l'une d'elles applicable ; nous éviterons ainsi d'avoir à répéter les mêmes mots désagréables aussi bien à dire qu'à entendre.

ENSEIGNEMENT DU LANGAGE

SA DÉFINITION

PRINCIPES & MOYENS PRATIQUES DE LA FORMATION DES MOTS

Le langage est un moyen de communication réciproque de la pensée. Le but de cette communication est d'abord l'expression des besoins ; puis l'association de la pensée de tous dans l'intérêt de chacun, et enfin la direction des forces de chacun dans l'intérêt de tous.

Le moyen de faire cette communication se trouve dans la voix qui est un organe auquel commande la pensée comme elle commande aux autres organes, d'une façon absolue, de manière que la pensée est elle-même, quoiqu'indirectement, son propre traducteur.

S'il en est ainsi, et qui oserait contredire ? comment pouvait-on omettre la pensée dans l'enseignement du langage ?

La voix est un organe placé à l'orifice du canal qui conduit l'air dans la poitrine ; c'est un petit bourrelet fixé au-dessus des cartilages de la trachée artère ayant quatre petites nodosités qui partagent sa circonférence, de manière à le faire ressembler à une maille de filet.

Et cet organe est comme la main une simple forme à l'état de repos, il n'aquiert de valeur que par l'exécution des ordres de la pensée quand il pousse des cris, car cet organe n'a pas de variété dans ses moyens, il ne peut que pousser des cris, toujours des cris.

Ces cris peuvent suffire aux animaux qui ne sauraient se livrer aux idées spéculatives, car leurs pensées en ce genre ne pourraient aboutir faute de moyens d'exécution.

Quant à l'homme, les cris sont devenus pour lui insuffisants à mesure que profitant de ses formes naturelles, auxquelles il a su joindre des formes artificielles, il a pu augmenter son intelligence et multiplier ses forces.

Le besoin d'un moyen de communication de la pensée plus expressif que les cris a été le premier maître du langage, quand le désir du mieux grandissant avec les premiers succès obtenus, l'homme a vu dans l'association le plus grand moyen d'assurer d'abord sa domination sur les animaux, et plus tard son triomphe relatif sur les éléments de la vie générale.

Les cris étant un langage d'une gamme assez étendue déjà, il ne s'agissait que de compléter ce moyen. — Et pour cela le même moyen que celui employé pour les autres actions de l'organisme a été adopté pour l'action de la voix aux cris de laquelle on a ajouté, comme à la main pour l'écriture, de véritables formes artificielles qui les ont transformé, transformation dont nous allons faire l'historique et la description.

Mais auparavant nous allons prouver, par un exemple, que les cris sont un langage d'une gamme déjà passablement étendue qui ne demandait pour suffire à l'homme que la petite modification qu'on y a faite.

Entendez la poule conduisant ses poussins, elle a son cri de promenade qui leur annonce la présence continuelle d'une mère vigilante; elle a son cri d'appel auquel répondent joyeusement ses petits en accourant partager les vermisseaux ou quelques graines trouvées pour eux. Elle a son cri d'avertissement qui fait également accourir près d'elle ses petits, mais tout craintifs, cette fois, car ce cri leur signale la présence d'un oiseau de proie ou tout autre danger. Elle a, s'il pleut ou s'il fait froid, son cri de compassion, et ses petits arrivent sous les ailes où ils trouvent abri et chaleur. Elle a son cri de joie après la ponte d'un œuf, *quia peperit filium*. Nous pourrions ajouter beaucoup d'autres circonstances dans lesquelles ses cris ont la valeur du langage, à tel point qu'une fille de ferme entendant la poule, sans voir ses actions, pourrait dire exactement à quelle circonstance se rapporte chacun des cris de la poule.

Nous ne pouvions pas parler des cris de l'homme qui ne pratique plus isolément ce genre de langage. Nous n'avons pas choisi comme exemple l'animal le plus intelligent. Les cris sont donc incontestablement un langage, et l'homme doué de cet avantage naturel exactement comme d'autres animaux, n'a eu qu'à le perfectionner comme il a perfectionné sa main par les moyens généraux dont nous avons déjà parlé, et par les moyens de détail que nous allons faire connaître, moyens beaucoup plus simples qu'on ne saurait l'imaginer.

C'est par la simple modification des cris qui restent toujours le fond du langage, c'est par la forme des sons résultant de la modification des cris que l'homme a pu obtenir un langage qui répond à tous ses besoins.

Cris et sons, voilà pour composer tout le langage.

Voyelles, consonnes, syllabes, sont des mots sans signification aucune, si ce n'est pire ; nous retrouverons ces mots.

Les cris partent directement de l'organe de la voix placé comme nous l'avons dit à l'entrée des poumons qui fournissent l'air nécessaire à leur expansion plus ou moins prolongée ; ils traversent la bouche sans modification aucune, jusqu'après la sortie des lèvres qui prennent seulement une légère différence de forme à chaque variété de cri. On appelle cette opération de la voix, pousser un cri, parce que les cris simples ou primitifs dont nous parlons ne se font jamais entendre par aspiration, comme il arrive très-souvent aux cris modifiés.

Tels sont les caractères auxquels on reconnaît les cris simples ou primitifs qui restent en nature dans le langage comme dans leur principe.

Cinq cris, variés comme nous venons de le dire, par la simple forme donnée aux lèvres à la sortie de ces cris, ont paru et se sont trouvés suffisants pour toutes les combinaisons du langage.

Encore une fois, il n'entre toujours dans la composition du langage que des cris simples ou modifiés ; leur chercher un autre nom serait dénaturer le langage et renier notre origine.

Nous sommes arrivé ainsi à faire connaître les moyens de modification des cris. Cinq variétés de cris, avons-nous dit, simples ou modifiés, suffisent à toutes les combinaisons du langage, et ces cinq cris sont représentés dans le langage écrit par les signes tracés *a, e, i* ou *y, o, u,* car nous avons deux sortes de langage qui font partie de notre enseignement; le langage parlé, qui a fait l'objet de ce que nous avons dit jusqu'ici, et le langage écrit, qui en est la traduction partie par partie, dans le plus grand détail au moyen de signes tracés par la main complétée des formes artificielles plume, encre, papier, comme la voix est elle-même complétée, pour les sons, par le concours que lui prêtent le gosier, les fosses nasales, la langue, les dents et les lèvres, concours qui constitue également des formes artificielles dues, comme celles de la main, à la seule initiative de l'homme.

Les signes modificateurs des cris, au nombre de dix-neuf, sont :

b, c, d, f, g, h, j, k, l, m, n, p, q, r, s, t, v, x, z.

Onze de ces modificateurs se prononcent par expiration, c'est-à-dire en les poussant du dedans au dehors, ce sont :

b, c, d, g, j, k, p, q, t, v, z.

Les huit autres se prononcent par aspiration, ce sont :

f, h, l, m, n, r, s, x.

On verra bientôt la cause de cette distinction.

Ici se présente une difficulté.

Il est impossible à l'écrivain de faire entendre à l'ouïe les signes tracés.

Il est impossible au parlant de faire voir à l'œil les sons qu'il émet.

Il est donc nécessaire que les démonstrations se fassent du maître à l'élève directement; s'il s'agit des sons, le maître les articulera devant l'élève directement; s'il s'agit de signes tracés, le maître les tracera aussi devant l'élève ou lui en mettra des exemples sous les yeux, seul moyen possible de démonstration dans les deux genres.

Pourtant, la grammaire a tourné la difficulté pour les modificateurs en introduisant, inostensiblement, dans leur désignation, un cri; le signe *b*, par exemple, se nomme *bé*, comme s'il était accompagné du cri *é*, cri que l'on fait disparaître quand on applique ce signe modificateur au cri *a*, qui donne *ba*, cri modifié par *b*, où ne se retrouve plus le cri *é*, et le tour est fait; mais il faut bien remarquer que le cri *é* et les autres cris ajoutés, inostensiblement, aux autres modificateurs, ne sont qu'un moyen de présenter à l'ouïe ces signes complétement aphoniques, signes qu'elle ne saurait admettre sans cette petite supercherie, qu'on aurait dû au moins expliquer.

Pour preuve de ce que nous avançons sur l'insonorité des mouvements de la bouche modificateurs des cris, nous allons faire ici la critique du mot consonne, nom donné par la grammaire aux modificateurs.

Un choc fait vibrer votre verre, vous vous empressez de poser la main sur ses bords pour arrêter la vibration, et elle appelle consonne (sonner avec) le mouvement de votre main qui arrête le son de votre verre, car les mouvements indiqués par les modificateurs ne sont pas plus sonores que votre main et produisent sur les cris modifiés par eux, le même temps d'arrêt.

Syllabe est absolument dans le même cas : ce mot veut dire, je crois, tomber ensemble; elle fait donc tomber ensemble des lèvres un cri modifié, c'est-à-dire une moitié, un tiers ou un quart de cri, — ensemble? avec qui? avec quoi?

Et la voyelle! elle prend la voix pour les cris qu'elle produit, comme elle prendrait la main pour les actions qu'elle exécute.

On dit, à la vérité, il a une belle voix, mais c'est une figure qui indique les beaux sons qui en sortent, comme on dit, il a une belle main, en parlant de la belle écriture qu'elle trace ; ces deux organes ne reproduisent que des substances qui ne leur appartiennent en aucune façon.

On nous saura gré de la suppression de ces trois mots, pour lesquels il n'y a aucune place entre les cris et les sons, car les cris modifiés se nomment sons ; cris et sons suffisent à la composition du langage.

Au moyen donc, du tour de passe-passe qui présente à l'ouïe, comme ses enfants, des signes tracés, qu'autrement elle ne pouvait reconnaître, au moyen encore de la supposition faite par nous, que vous avez eu déjà des rapports avec le maître sur l'emploi des cris et des modificateurs, parlés ou tracés, nous allons essayer de donner quelques explications sur l'alliance des cris et des modificateurs, et cette explication, si courte qu'elle soit, nous donnera la clef du moyen unique de formation du langage, cris simples ou cris modifiés qui forment les sons.

Ainsi, la réunion des cris ou sons forme les mots, la réunion des mots forme les phrases, la réunion des phrases forme le discours ; et voilà tout le langage, cris et sons.

Essai de démonstration écrite du cri A, modifié par le signe B. Vous fermez fortement les lèvres, vous poussez le cri A, qui force les lèvres à s'ouvrir, et vous obtenez le son BA.

Ceci ne vous prouve peut-être pas encore que le signe B soit aphonique ; nous n'allons pas chercher loin un autre exemple plus concluant, renversons le même son.

Aspirez le cri A d'abord, fermez ensuite les lèvres exactement comme vous les avez fermé pour pousser le même cri, et ce même mouvement des lèvres, arrêtant le cri A, donnera le son AB.

Cette fois, pas d'équivoque, le mouvement des lèvres arrêtant le cri à son entrée, on ne peut pas dire qu'il sonne avec. — On peut répéter soi-même cette expérience sur les sons directs ou sur les sons renversés, et on obtiendra toujours un résultat analogue.

Le langage n'a besoin, pour sa formation, que de cris, les uns simples conserveront leur nom, les autres modifiés seront des sons.

Pour ne pas déroger à l'usage, nous nommerons lettres les signes tracés qui les représentent.

Les unes, celles qui représentent les cris, seront des lettres phoniques ; les autres, celles qui représentent les mouvements modificateurs, seront des lettres aphoniques ou à volonté des modificateurs.

C'est ici que nous devions jeter un coup d'œil sur la grammaire, pour mettre en regard de celui-ci son chapitre correspondant ; nous y avons renoncé. Nous nous mentirions à nous-même si nous voulions attribuer à l'ignorance les moyens machiavéliques employés par elle pour cacher à l'homme son origine, et le tenir dans l'ignorance comme moyen de domination. Elle a trop bien réussi, le succès a justifié son audace ; n'en parlons plus.

DE LA VALEUR DES MOTS

QUI COMPOSENT LE LANGAGE.

Il y a en français dix espèces de mots, dit la grammaire.

Nous disons, nous, dans toutes les langues, française ou autre, il n'y a que trois espèces de mots, par cette grande, cette immense, cette invincible raison que l'homme n'a que deux facultés de perception qui ne peuvent donner que deux espèces principales de mots, la troisième ne pouvant être qu'accessoire, c'est-à-dire un moyen de lier entre elles les deux autres parties.

Dix espèces de mots demanderaient que la pensée eût dix facultés pour percevoir chacune des parties que ces mots devraient représenter ; tandis que l'univers se composât-il de mille parties, neuf cent quatre-vingt-dix-huit parties resteraient pour l'homme lettre close, puisqu'avec

7

trois sens il n'a que deux facultés de perception, ou plutôt, puisque pour trois sens il n'a que deux natures d'objectifs : les corps ou les objets, les substances ou leurs effets.

Vérifions de suite ce principe :

L'œil voit un cheval, ses formes, sa couleur, toutes les parties qui le constituent, il le voit brouter l'herbe épaisse de son pâturage. A l'approche du voyant, le cheval fuit avec rapidité, l'œil le suit dans sa fuite ; quand l'œil l'a perdu de vue, on entend encore au loin son hennissement sonore ; échauffé par la course, il a laissé sur son passage une odeur pénétrante, et le voyant, émerveillé de la beauté de ses formes, de sa force, de sa vigueur apparentes, dénoncées par la rapidité de sa fuite, a quitté la place avec le désir de s'approprier un si précieux animal.

Cette phrase contient absolument toutes les opérations possibles des deux premiers centres d'opération de la pensée (1° photographie et mémoire, 2° jugement), le surplus ne tendant qu'à donner satisfaction au désir (sentiment) de s'approprier le cheval, et n'ayant aucun rapport avec les moyens de perception qui n'en peuvent être ni augmentés ni diminués.

Le cheval est un corps quand on en parle à distance, il est un objet quand il arrête la vue et la fixe en lui faisant objection (on trouve ici la seule distinction à faire entre les corps et les objets) ; sa force, sa vigueur sont des causes inhérentes à la nature du cheval et inséparables de sa constitution ; cachées dans cette constitution, ces causes sont dénoncées au voyant par la rapidité de la fuite qui est une substance (nous reverrons les causes et les substances).

Il n'y a dans tout cela et il ne peut y avoir que deux parties rapportées par l'œil : l'objet, cheval, ses causes, beauté, force et vigueur qui ne peuvent en être séparées et ne font qu'un avec lui, comme nous le verrons ; puis sa fuite, qui est une substance ; c'est tout pour l'œil. — L'oreille a entendu son hennissement qui est de même nature que la fuite, une substance. L'odorat a senti l'odeur pénétrante laissée sur son passage, autre substance ; les trois sens ne donnent toujours que deux natures de perceptions, objets et substances.

Et quand l'homme pourrait parcourir l'infini, il ne saurait y découvrir d'autres parties, s'il en existe, à moins qu'on ne lui donne d'autres sens ou qu'on n'augmente les moyens de perception de ceux qu'il possède.

Et si c'est là, comme nous l'affirmons, toutes, absolument toutes les facultés de perception de la pensée, il ne faut que deux natures de mots pour les traduire : les noms-verbes désignant les objets et leurs accessoires, et les verbes-noms désignant les substances et leurs accessoires nécessaires. Vous comprendrez mieux ces deux propositions dans quelques minutes.

Autre proposition plus simple et aussi concluante :

Si avec les deux seuls mots verbe-nom et nom-verbe nous faisons emploi de tous les mots, absolument de tous les mots du langage, sauf les mots accessoires qui n'ont par eux-mêmes aucune signification, que deviendront les autres mots de la grammaire ?

Leur place n'est pas difficile à trouver : ils n'ont d'existence que dans son imagination ; qu'ils y restent. Pour vous donner de suite un exemple de cette fantasmagorie, nous allons analyser les mots *cheval blanc*. *Blanc* est, suivant elle, un adjectif (elle ne donne point la signification de ce mot), par cette grande, immense et invincible raison qu'on peut placer devant ce mot les mots *personne* ou *chose* : personne blanche, chose blanche. Quelle logique ! Mais est-ce que *blanc* ajoute (adjoindre, adjectif) une partie au cheval qui est naturellement de cette couleur ? Est-ce que ce n'est pas le moyen de le distinguer d'un cheval noir ou d'un cheval d'une autre couleur, comme le mot cheval lui-même est un moyen de distinguer cet animal d'un autre animal.

S'il en est ainsi, et qui pourrait le nier ? le mot *blanc* serait un complément de désignation et aurait la valeur du nom lui-même.

Le nom-verbe est un mot qui désigne les objets, le verbe-nom est un mot qui désigne les substances ; quand il faudrait vingt noms pour désigner les objets ou les substances, tous seraient des noms de même nature.

La fameuse distinction établie par la grammaire, cette

espèce d'antagonisme entre le nom commun et le nom propre, a le même caractère, absolument par les mêmes raisons. Est-ce que le nom propre n'est pas un complément de désignation du nom commun? La rivière de Seine, la ville de Paris, l'homme Adam, la femme Eve; où sont donc les deux espèces de noms? Est-ce qu'il y a deux objets dénommés par ces doubles dénominations? Est-ce que l'un n'est pas complémentaire de l'autre? Nous avons tort de nous arrêter à ces aberrations *calculées*. Il n'y a point d'adjectifs, ils le savent bien, et les noms propres n'ont pour but que d'abréger les descriptions nécessaires pour faire connaître des objets spéciaux.

— Il y a un moyen connu de remplacer le nom propre, c'est le numérotage; le propriétaire d'un grand troupeau sait en user; les chevaux de cavalerie ont chacun leur numéro; les bagnes en usent; et voilà la valeur du nom propre, et d'autre part voilà la valeur des mots de la grammaire. Soufflez dessus et il n'en reste rien.

Nous pourrions faire ainsi pour ses autres mots, mais il nous faudra encore moins qu'un souffle pour les faire disparaître, il suffira qu'il n'y ait pas de place pour eux dans le langage, et chemin faisant nous allons le démontrer.

Du verbe en général.

Nous entrons maintenant dans le vif de la question.

Il s'agit de faire l'application sur ce seul mot : le *verbe*, de tous les principes précédemment exposés, puisque ce seul mot constitue tout le langage.

Il s'agit pour cela de résoudre d'abord cette grande, cette immense, cette redoutable question : Qu'est-ce que le verbe?

Nous disons redoutable, ce n'est pas que nous ayons le moindre doute, la moindre hésitation sur la réponse qu'il convient d'y faire, nous avons au contraire une foi entière, absolue, dans la vérité que nous allons mettre en évidence. Mais sur un sujet aussi vaste et aussi controversé, il est permis, en l'abordant, d'éprouver quelqu'émotion.

Qu'est-ce que le verbe?

L'univers tout entier est un grand corps homogène dont toutes les parties sont solidaires; la matière infinie constitue l'organisme de ce grand corps; la durée infinie, l'éternité, constitue le sens en rapport avec ses parties qui forment des corps spéciaux, et l'espace infini, l'immensité, constitue le sens en rapport avec les substances de ces corps spéciaux, et la pensée de ce grand corps, dont ces deux sens sont une émanation directe, est le verbe *(in principio erat verbum)*, c'est-à-dire Dieu, puisque Dieu est dans le verbe et que le verbe est en Dieu *(et verbum erat apud Deum et Deus erat verbum)*, c'est-à-dire enfin la vie, qui est en même temps la lumière dans le verbe *(in illo vita erat et vita erat lux)*. La partie essentielle de cette phrase divine est ce qui suit : *Nihil quod factum est sine* ipso *factum est.* Rien de ce qui a été fait n'a été fait sans lui-même, c'est-à-dire il n'y a rien de ce qui a été fait qui ne soit une partie de lui-même et voilà l'incarnation de Dieu dans toutes ses créations qui sont une partie de lui-même, seule manière de créer qui prouve l'existence de son organisme auquel commande sa pensée.

En résumé, la pensée divine de ce grand corps est la vie et la lumière. Réfléchissez bien et vous reconnaîtrez que tout cela est simple et vraiment splendide.

Si nous parlons ainsi, c'est toujours sous cette réserve expresse que la définition n'est pas de nous; d'ailleurs on en connaît l'origine, qui est celle de tout ce que nous avons déjà dit. Nous y reviendrons.

Qui donc pourrait dire maintenant, à l'encontre du maître, que Dieu n'a pas de corps?

Tâchons maintenant de descendre de ces hauteurs sans vertige et d'établir les relations qui peuvent exister entre ce grand verbe, la vie universelle et le verbe de la vie générale, et le verbe de la vie individuelle.

Pour rattacher ces trois verbes entre eux, voici un principe clair, net et précis. La vie est indivisible exactement dans toutes les parties du corps qui en est doué. Or, si la vie universelle comprend, ce qui est évident, l'univers tout entier, toutes les grandes parties de ce corps qui

jouent chacune un rôle spécial dans la manifestation de
sa vie et de ses substances ont également le verbe, ou
sont également le verbe, et par continuation de ce principe de l'indivisibilité de la vie, si cette vie spéciale comprend, ce qui est encore évident, tout ce que les corps en
qui elle réside sont et produisent, tout ce qu'ils sont et
produisent a le verbe ou est le verbe, et notre vie individuelle faisant partie de ce qu'ils produisent, voilà nos
rapports établis avec le verbe.

Mais, comme vous le voyez, ils se rattachent d'abord au
verbe secondaire, notre intermédiaire avec la vie universelle.

Voilà comment on a pu dire que nous avions été créés
à l'image de Dieu : Ce rapprochement qui effraie d'abord,
tant il paraît présomptueux, a pourtant un grand fonds de
vérité que nous allons vous expliquer, ce qui, d'ailleurs,
nous aidera à comprendre mieux encore la grande vérité
première. Nous avons un corps dont la matière constitue
l'organisme ; notre vue est un sens en rapport avec les
corps ; l'ouïe et l'odorat, quoique divisés, ne présentent
ensemble qu'un sens en rapport avec les substances ; et
notre pensée, dont ces deux sens sont une émanation directe, est notre verbe, c'est-à-dire notre vie et notre lumière. Et ce qui complète la ressemblance, c'est que
notre pensée est, comme la pensée divine, une abstraction,
c'est-à-dire une cause qui ne peut se faire connaître, se
révéler que par ses effets : Dieu par ses œuvres, l'homme
par ses actions.

Ne remarquez-vous pas l'identité des termes employés
pour constituer la vie universelle avec ceux employés
pour constituer la vie individuelle, et n'y aurait-il pas là
de quoi exalter notre orgueil au suprême degré.

Mais il faut ajouter bien vite, ce qui nous causera
sans doute une espèce de confusion, que dans le grand
corps universel depuis sa plus grande partie jusqu'à
sa plus petite, même infinitésimale, tout procède du
même principe et suit la voie qui vient d'être tracée, ce
qui nous laisserait l'égal de tout ce qui nous environne.
Ce niveau pourtant n'est qu'apparent, il est amplement

compensé par la perfectibilité de formes dont nous a doué le Créateur, perfectibilité qui fait aujourd'hui porter la voix de l'homme aux extrémités de la terre, qui élève à une puissance illimitée ses forces de locomotion et qui agrandit sa pensée en proportion de l'élargissement du cercle de ses commandements. L'homme est donc par la forme dont on connaît la puissance au premier rang de la création.

Nous possédons ainsi tous les principes et tous les moyens; arrivons au fait et tâchons d'atteindre le but d'une constitution vraie du langage.

Du verbe grammatical.

Il n'y a pas de verbe sans corps.

Nous venons de voir la plus haute expression de ce principe.

Le verbe grammatical va nous démontrer, dans sa plus simple expression, cet autre principe correspondant :

Il n'y a pas de corps sans verbe.

Le verbe grammatical est une formule articulée, préparée à l'avance *en blanc*, à laquelle, pour remplir le blanc, viennent s'adapter : 1° tous les corps désignés par le nom-verbe; 2° toutes les parties de ces corps; 3° toutes leurs fractions, même infinitésimales; 4° toutes les causes qui en font partie intégrante et ne s'en séparent jamais, toujours prêtes qu'elles sont à produire les mêmes effets.

Cette formule articulée a deux parties bien distinctes : 1° celle qui s'applique à la constitution desdits corps et accessoires marquant la possession de leurs diverses parties; 2° et celle qui s'applique aux conséquences de cette possession.

Exemple de l'application de ces deux formules.

PREMIÈRE FORMULE : AVOIR.

J'ai des ongles, j'ai des orteils, j'ai des doigts, j'ai

des pieds, j'ai des mains, j'ai des jambes, j'ai des avant-bras, j'ai des cuisses, j'ai des bras, j'ai un bassin, j'ai l'humérus, j'ai un tronc, j'ai une colonne vertébrale, j'ai une tête, en un mot, j'ai tout ce qui constitue l'organisme humain.

DEUXIÈME FORMULE : ÊTRE.

Par mes ongles je suis redoutable, par mes pieds je suis agile, par mes mains je suis adroit, par mes jambes je suis rapide, par mes bras je suis fort, par le bassin, par l'humérus, centres des principales articulations, je suis souple, par la colonne vertébrale également articulée, je suis flexible, par la tête je suis penseur, en un mot, par mon ensemble je suis homme.

Preuve mathématique de la corrélation de ces deux formules :

J'ai, une fois pour toutes, l'agilité, l'adresse, la rapidité, la force, la souplesse, la flexibilité, la pensée, l'humanité. Nous dirons plus tard pourquoi redoutable n'a pas ici sa contre-partie.

On voit ainsi que toutes les parties du corps, dont la première formule *avoir* indique la possession, trouvent dans la seconde formule *être*, le moyen d'établir les conséquences de cette possession, conséquences qui peuvent remonter à leur origine par la formule *avoir*, preuve de la justesse de l'opération, comme la réunion de la partie soustraite à la partie restante prouve la justesse de l'opération appelée soustraction, quand la différence et le reste égalent le premier terme ou le tout.

Et ces deux formules, *avoir* et *être*, ont pour but, par leurs articulations, de présenter la vie de tous les corps, comme celle de tous leurs accessoires, dans toutes les conditions où cette vie peut se rencontrer.

Nous avons déjà fait connaître longuement ces formules ; nous n'y reviendrons pas pour l'instant, nous dirons seulement qu'elles sont absolument sans valeur propre, comme toutes les articulations, tant qu'on ne leur a pas donné comme complément un nom désignant un objet ou ses accessoires, c'est-à-dire un nom-verbe, car tout objet qui frappe l'œil a nécessairement la vie, il a par conséquent le verbe ou est le verbe.

Et, remarquez bien ceci, ces deux formules sont le nœud gordien du langage. Elles en sont la pierre angulaire, et jamais la grammaire n'en a soufflé mot, au contraire, elle a, dans les autres verbes que nous allons faire connaître, substitué machiavéliquement le mot complément au mot régime, seul applicable, pour détourner la pensée de la nécessité d'un complément aux formules avoir et être, complément qui dans sa réunion à sa formule est seul le verbe, sa formule ne servant qu'à présenter sa vie dans toutes les conditions où elle peut se rencontrer ; l'examen de l'autre verbe complètera cette démonstration.

On pourrait peut-être penser que notre principe : tout corps a le verbe, souffre des exceptions et qu'une pierre, par exemple, qu'une poutre, qui sont certainement des corps ou objets, n'ont pas la vie, ne sont pas le verbe.

C'est une erreur capitale. N'avons-nous pas dit tout à l'heure que la vie est indivisible et que toutes les parties, même infinitésimales d'un corps doué de vie, l'extrémité de vos ongles ou celle de vos cheveux, ont la vie comme le corps entier lui-même ; or, la terre fait nécessairement partie de la vie universelle, et ne donnât-elle par elle-même aucun signe de vie, elle aurait et serait toujours le verbe, comme faisant partie du *grand corps*. Mais la terre a, par elle-même, une vie spéciale. Les volcans, les tremblements de terre, les sources thermales, sont des preuves de sa chaleur au centre ; les sources, les ruisseaux, les rivières, les fleuves présentent une circulation des plus actives ; les vents et tous les autres accidents atmosphériques, joints aux mouvements incessants de la terre dans l'espace, sont une preuve de vie indiscutable (notez que nous ne parlons pas ici de pensée, mais seulement d'organisme). Or, encore et toujours par suite de l'indivisibilité de la vie, la pierre qui fait une partie infinitésimale de la croûte terrestre, a la vie comme la terre elle-même. Il nous en

arrivera de nouvelles preuves quand, dans le langage, nous examinerons les qualités d'une pierre, sa dureté, sa solidité, sa pesanteur, etc. Il en est de même pour la poutre. Elle faisait hier partie de vos forêts, dont tous les arbres ont la vie individuelle; mort il est rentré, comme tous les morts, dans la vie générale, d'où le premier accident peut le ramener dans la vie individuelle.

Par exemple, qu'un incendie dévore le château dont il soutient la toiture, ses cendres portées dans les terres les rendront plus fertiles, et d'arbre qu'il était, il deviendra d'abord plante ou partie de plante; le voilà rentré dans la vie individuelle, production de la terre, ce qu'il était auparavant sous une autre forme.

De même pour la pierre; est-elle calcaire? soumise à l'action du feu elle donnera de la chaux. Est-elle schisteuse? soumise à l'action du feu, vous aurez le plâtre cuit. Portez sur vos luzernes la poudre, produit de ces deux pierres, et quelques jours plus tard vous constaterez une puissance de végétation décuple de celle des parties voisines qui n'auront pas reçu cette poussière fécondante, et voilà également ces deux pierres rentrées dans la vie individuelle par les productions de la terre.

Notre parabole de la circulation des eaux sur notre planète n'était à autre fin que de vous faire pressentir une circulation de la vie individuelle exactement semblable; comme vous venez de le voir, la vie est la même goutte d'eau toujours en marche, de l'océan aux sources et des sources à l'océan.

CONCLUSION.

Tous les corps ont le verbe, et les noms qui les désignent sont nécessairement des noms-verbes, compléments nécessaires aussi des formules avoir et être, préparées pour les recevoir, comme nous venons de l'expliquer. — L'application du nom-verbe à ces formules ne souffrirait aucune difficulté s'il n'avait pas d'accessoires, mais ce qui demande un examen sérieux, simple pourtant, ce sont les causes parties intégrantes des objets également complémentaires des formules avoir et être. Ces causes, comme la pensée entière, comme toutes ses parties, sont des substances fixes ou qualités qu'il s'agit de distinguer d'une autre espèce de substance, que nous nommerons substances mobiles ou accidentelles, examen qui va faire l'objet du chapitre suivant.

DES SUBSTANCES FIXES

OU QUALITÉS PARTIES INTÉGRANTES DES OBJETS.

La pensée tout entière est une substance fixe et son indivisibilité fait que toutes ses parties sont des substances de même nature.

La pensée tout entière est une qualité et son indivisibilité fait que toutes ses parties sont des qualités.

La substance est une partie cachée d'un objet connu.

La qualité est l'emploi judicieux d'une forme pour exécuter une action et toute action procède d'une forme.

Comment la substance restant cachée peut-on la connaître?

On connaît les substances au moyen des actes extérieurs de l'organisme qui les cache, actes dont la pensée est le promoteur, soit par son entier, soit par ses parties, auxquelles l'indivisibilité donne la même valeur.

Les qualités, parties intégrantes de la pensée, restent cachées comme les substances et se manifestent par les mêmes moyens, ce qui nous ramène à l'unité de ces deux parties de la pensée. Substances et qualités ne font qu'un, nous ne les avons fait marcher chacune à part que pour, au point de rencontre, vous bien faire comprendre cette unité.

La substance ou qualité est facile à reconnaître, la

qualité générale de la pensée est la vie ; marcher est
pour l'organisme le moyen de faire connaître la possession de cette qualité cachée.

Tout le monde connaît la négation du mouvement qui
est la vie mise à néant par le même moyen : marcher.

Ce qui est vrai pour une action est vrai pour toutes
les actions, toutes manifestent les qualités de la pensée
dont elles sont la traduction, moins précises que le langage, mais enfin dont elles sont la traduction.

Le langage n'en est pas moins notre grand maître en
tout ; il remonte au temps où l'homme a senti la nécessité de le créer ; il est la tradition vivante de tous les
siècles qui ont suivi cette époque ; il est le résumé de
toutes les pensées qui ont traversé ces siècles et jusqu'à
présent, après Jesu qui nous a fait connaître la source où
nous puisons, nous n'avons pas d'autre maître que la tradition tirée du langage. Nous vous dirons tout-à-l'heure
comment le langage découvre les qualités dont nous allons
d'abord vous faire connaître quelques particularités.

Les qualités présentent les mêmes divisions que la
pensée. — Elles sont sentimentales, car chacune des
parties de la pensée possède un sentiment. Elles sont
judicieuses, car chacune des parties de la pensée possède un jugement. Elles sont raisonnables, car le raisonnement est la sanction finale qui détermine la pensée à
faire emploi d'une forme pour exécuter une action, ce
qui est l'essence de la qualité, sanction, basée sur la
science des moyens, science intérieure appelée conscience, sur la puissance d'exécution et sur la volonté
d'action : savoir, vouloir et pouvoir.

Si une pierre a la vie, d'où viendra la manifestation de
ses substances ou qualités ?

Elle viendra toujours par les actions, car si la montagne ne peut pas venir à l'homme, l'homme peut aller à
la montagne. — Placé devant un bloc de marbre dont il
veut connaître la substance, le sculpteur prendra son
maillet et son ciseau, il enlèvera les parties qui cachent
les substances et ces parties cachées apparaîtront dans
les formes qu'il aura plu à l'artiste de leur donner, en

n'enlevant que les parties qui cachaient ces substances.
— Dans un autre genre, la chimie nous fait connaître
une foule de substances cachées dans une foule de parties ou productions de la vie générale et les actions des
chimistes, toujours les actions font la manifestation de
ces substances ou qualités.

C'est avoir assez fait connaître les substances ou qualités d'une façon générale; arrivons à leur examen spécial et à leur emploi dans le langage.

Il est bien entendu qu'il ne s'agit ici que des substances ou qualités fixes faisant partie intégrante des
corps ou objets et en rapport nécessaire, comme eux,
avec les formules *avoir* et *être*.

Nous allons maintenant laisser la parole au langage,
c'est son rôle, lui seul nous apprendra la nature et la
valeur des mots qui le composent et les rapports qui doivent exister entre eux. Nous le répétons, c'est le grand,
le vrai, le seul maître, et il suffit de prêter grande attention à ses leçons pour les comprendre aussitôt.

DES SUBSTANCES FUGITIVES

PARTIES ACCIDENTELLES DE L'ORGANISME.

Nous sommes encore obligé, avant de donner la parole au langage, de faire connaître les substances de
l'organisme.

Substances de l'organisme peut paraître d'abord une
expression hasardée; quand l'organisme paraît toujours
se montrer entièrement à découvert, on ne comprend
pas bien ce qui pourrait s'y trouver caché.

L'organisme n'en a pas moins des substances et vous
allez facilement le reconnaître : Vous marchez et le regardant voit pour ainsi dire sortir de votre organisme
une manifestation de sa vie, manifestation que votre

repos ne lui laissait pas voir. La marche facultative est une substance quand elle n'use pas de la faculté de marcher, elle est une action quand elle manifeste cette faculté, c'est-à-dire quand elle en use pour marcher ; il en est de même de toutes les actions, substances au repos, actions dans leur manifestation, comme les facultés de la pensée : substances au repos, qualités dans le commandement.

La pensée n'a pour se manifester que des qualités, l'organisme n'a pour se manifester que des actions.

Les qualités de la pensée sont toutes correspondantes aux actions de l'organisme qu'elle commande et dirige.

Les actions de l'organisme sont toutes correspondantes aux qualités de la pensée dont elles sont une conséquence directe et auxquelles elles sont entièrement soumises.

Les qualités de la pensée n'ont aucune valeur sans les actions.

Les actions n'ont pas d'existence possible sans les qualités de la pensée.

Voilà pourquoi il était encore impossible de donner la parole au langage, impossibilité qui n'est pas encore entièrement écartée, en effet.

Le langage est un corps aussi grand que toutes les parties de l'univers qu'il peut embrasser ; nous venons d'en voir les membres épars de tous les côtés, il s'agit de les réunir, de les coordonner, de leur communiquer la vie. Nous aurions beau rapprocher les parties de son organisme les unes des autres, elles ne formeraient jamais un corps, parce qu'elles ne pourraient pas se mouvoir, se plier, être flexibles ; il leur faut des articulations et, à proprement parler, des espèces de charnières dont nous n'avons encore rien dit. C'est à donner des articulations à toutes les parties du corps du langage que nous allons employer le chapitre suivant, sauf retour à nos verbes.

Des articulations.

La grammaire, toujours heureuse dans ses expressions, dit..... (faut-il montrer le dernier bas-fond auquel puisse descendre sa bêtise?) la grammaire dit : « L'article est un petit mot que l'on met ordinairement devant les noms communs pour annoncer qu'ils sont employés dans un sens déterminé. Nous n'avons en français qu'un article, *le, la,* au singulier, *les,* au pluriel. » Oh! honte! oh! misère! c'est avec cela qu'on instruit la jeunesse!

Laissons là grammaire à sa folie.

Dans toutes les langues, tous les mots qui les composent sont préparés à l'avance et forment un immense magasin d'articles, limités pour le fond, mais variés à l'infini dans la forme et destinés à composer le corps du langage. Chacun peut puiser indéfiniment dans ce magasin, y prendre les articles à sa convenance sans crainte de voir s'épuiser la provision ; mais c'est en vain que l'on emporterait une quantité innombrable d'articles, on ne parviendrait pas à en former un corps, si en même temps on ne savait pas assortir des articulations qui, seules, peuvent donner la vie, la souplesse et la flexibilité au corps du discours, articulations également préparées à l'avance et qu'on trouve dans le magasin à côté des *articles,* objets ou substances.

Nous ne nous étendrons pas davantage ; l'allusion est suffisamment comprise et nous allons revenir à la simplicité de nos déductions qui feront connaître la valeur et la grande étendue des articulations, laissant à la grammaire cette honte de n'avoir pas un mot, je ne dirai pas qui ait le sens commun, mais qui ne soit un absolu contre-sens, aussi bien au fond que dans la forme, sans que les fictions et les comparaisons, que nous n'avons jamais rencontré dans la grammaire, puissent atténuer en rien sa folie.

Comme on l'a vu, le langage n'a que deux objectifs : les objets ou accessoires et les actions. Eh bien, tous les mots préparés pour constituer le langage, qui ne s'appliquent pas à ces objets ou actions sont des articulations.

Quelle est la valeur des articulations?

Les articulations grammaticales sont un moyen de présenter la vie dans toutes les conditions où elle peut se rencontrer, et ce moyen s'appelle conjugaison du verbe.

Les articulations grammaticales sont encore un moyen de présenter l'objet, le nom dans toutes les positions où il peut se trouver; ce moyen s'appelle déclinaison.

Nous avons déjà fait connaître les conjugaisons, et nous n'y reviendrions pas ici sans une omission que nous tenons à réparer. Nous n'avons fait aucune analyse de l'infinitif des verbes. Nous avons bien parlé des moyens d'indications des temps, du rôle, des nombres, des conditions, du commandement, des hypothèses douteuses ou désirables; mais nous n'avons rien dit de l'infinitif qui n'a en apparence aucun rapport avec aucune de ces parties.

Quelle valeur ont donc les mots : voir, avoir vu, voyant, vu, devant voir? Ces mots pris isolément n'ont aucune valeur. Nous aurions donc dû indiquer les moyens de leur donner cette valeur, car compter que vous les auriez trouvé dans la grammaire, pure illusion!

Rien de ce que nous avons dit des autres parties des verbes ne paraît exister dans l'infinitif, et cependant, en regardant bien, on y retrouve les temps, le rôle, les nombres, les conditions, le commandement et les hypothèses douteuses ou désirables.

Un seul mot va vous le faire comprendre.

L'infinitif est un régime prédestiné des autres verbes; exemple : Je vois courir un lièvre, les articulations du verbe voir, je vois, donnent le premier rôle, le singulier et le temps présent, et rejaillissent sur le verbe courir qui se trouve, par ce moyen, premier rôle, singulier, temps présent, et prend ainsi un sens déterminé, d'indéfini qu'il était.

Je crois avoir vu courir un lièvre. Il est inutile de recommencer notre démonstration qui est la même : avoir vu courir, sont des infinitifs déterminés par le verbe croire, je crois, et sont, par conséquent, comme lui premier rôle, singulier, temps présent.

Mais on dit qu'avoir vu est un temps passé, c'est une erreur de la grammaire qui n'en est pas à son coup d'essai.

Je crois avoir vu courir un lièvre, à l'instant où je vous

parle c'est bien le présent. Pour qu'*avoir vu* prenne virtuellement la valeur d'un temps passé, il faudrait ou que
ce temps passé fût exprimé : je crois avoir vu courir un
lièvre *hier*, ou que la formule du verbe dont il est le régime fût elle-même au temps passé : j'*ai cru* avoir vu
courir un lièvre; alors les trois verbes sont au temps
passé dans les mêmes conditions que le premier qui les
domine et règle leur condition sur la sienne.

Quant aux mots *voyant, vu, devant voir*, rien, absolument rien ne les rattache au verbe substantif dans lequel
on les englobe; ce sont des noms-verbes désignant un
objet : l'homme voyant; et pas du tout sa substance. Ils
ne se rattachent au verbe substantif que comme créateurs
de la substance dont ce verbe formule fait connaître les
conditions. Ils ne peuvent participer aux combinaisons
de cette formule dont ils sont les antipodes; les mots
voyant, vu, devant voir, se conjuguent comme les mots
de leur espèce, noms-verbes, au moyen de la formule
être dont il font le complément, et ne *participent* en aucune façon activement ni passivement à la conjugaison
de leur propre substance.

Vous récusez donc cette fois le témoignage des Latins
qui placent ces mots : *videns, visus, visurus*, au même
endroit de leurs verbes que nous?

Non seulement nous ne les récusons pas, mais nous
allions invoquer leur témoignage à l'appui de ce que
nous venons de dire. *Videns* appartient à la déclinaison
comme tous leurs noms : *videns, videntis, videnti, viden-
tem, videns, vidente*, et comment ferait-on pour présenter
les conditions de la vie du voyant sans employer la formule
être. Voyant est un nom-verbe comme vu et devant voir,
auxquels les Latins font l'honneur d'une articulation expresse, *videor*, etc.; les Latins et la raison sont contre vous.

Ainsi la démonstration est complète : point de participes,
point d'adjectifs, mais des noms et des noms renforcés,
c'est tout ce que présentent *voyant, vu, devant voir*.

D'ailleurs il ne faut jamais perdre de vue ce principe
absolu : l'univers entier n'offre à l'homme que deux objectifs, les corps et leurs substances, et il n'existe que deux

8

mots, leur désignation et la manifestation de leur vie, nom et verbe, nom-verbe et verbe-nom, deux termes identiques de la vie.

Et nous cherchons toujours les participes, de quoi ? les adjectifs, de qui ?

Comme indications générales pour ceux qui voudront concourir avec nous pour la confection d'un nouveau livre d'enseignement pratique, nous croyons avoir suffisamment expliqué les articulations-verbe.

Nous arrivons aux articulations qui concernent le nom plus spécialement, sans cesser d'appartenir également au verbe, comme nous allons voir.

Des articulations plus spécialement nominales.

Il n'y a pas de langage possible sans les articulations propres à constituer les formules de verbe telles que nous les avons fait connaître.

Il n'y a pas davantage de langage possible sans les articulations propres à présenter les noms dans toutes les positions, dans tous les cas où peuvent se trouver les objets, leurs qualités et leurs substances.

Non pas que les articulations, de quelque nature qu'elles soient, appartiennent exclusivement soit au nom, soit au verbe. Dans l'articulation du bras à l'avant-bras, l'articulation nommée le coude n'appartient pas plus à l'un qu'à l'autre de ces membres ; il en est de même des articulations du langage, leur action s'exerce des deux côtés, tantôt au profit des mouvements de l'un, tantôt au profit des mouvements de l'autre ; les circonstances déterminent cette priorité qui peut alterner, observation à retenir et d'une grande importance, comme on le verra. Nous répétons encore ici que tous les mots qui ne désignent pas un objet, ses qualités ou substances, sont des articulations.

Nous disons donc que l'objet, ses qualités et ses substances sont des verbes en même temps que des noms et qu'ils peuvent, en dehors de la manifestation de leur vie, se trouver dans les six cas ou positions suivants :

1° Leur simple existence.. . . . . *La* rose est une belle fleur.

2° Leurs rapports avec leurs propres
    parties. . . . . L'odeur *de la* rose est agréable.

3° Leur soumission à l'action indi-
    recte exercée sur eux. . . . . . Je donne la préférence *à la* rose

4° La même soumission à une action
    directe. . . . . J'aime *la* rose.

5° L'interpellation qui peut leur être
    adressée. . . . . *O* rose! que tu es belle.

6° La constatation de leurs effets. . . Emerveillé *de la* rose, charmé
                                          par la rose.

et ces six positions ou cas dans lesquels peuvent se trouver les objets, leurs qualités et leurs substances prendront les mêmes dénominations que celles adoptées pour enseigner la langue latine.

Exemples des applications de cette Théorie.

Le, de le, à le, le, ô, de ou par le ; voilà la première formule des six cas applicables au nom commençant par un cri ou par une h muette, ce qui est le même fait. Alors on fait élision de l'*e* de l'articulation, *e* que l'on remplace par une apostrophe pour éviter la rencontre de deux cris, rencontre appelée hiatus.

Noms donnés aux cas latins.				Exemples de noms commençant par un cri avec ou sans h muette.
Nominatif.	L' homme. . . .	L' orgueil.	
Génitif. . .	De l' homme. . . .	De l' orgueil.	
Datif. . . .	A l' homme. . . .	A l' orgueil.	
Accusatif. .	L' homme. . . .	L' orgueil.	
Vocatif. . .	O homme! . . .	O orgueil!	
Ablatif. . .	De *ou* ou par l' homme.	De *ou* par l' orgueil.	

			Exemples de noms commençant par un modificateur ou par une h rude qui est un modificateur.
Nominatif.	Le cheval. . .	Le héros.	
Génitif. . .	Du cheval. . .	Du héros.	
Datif. . . .	Au cheval. . .	Au héros.	
Accusatif. .	Le cheval. . .	Le héros.	
Vocatif. . .	O cheval! . .	O héros!	
Ablatif. . .	De *ou* par le cheval.	De *ou* par le héros.	

On voit ici que le, du, au, le, ô, de ou par le, deuxième formule, diffère de la précédente ; c'est une simple ques-

tion d'euphonie; du homme, au homme, sonnerait mal
à l'oreille; de le cheval, à le cheval, ne sonnerait guère
mieux, c'est toute la raison de cette différence. Il n'y a
pas d'*article contracté*, comme le dit stupidement la grammaire. Contracté, comment? contracté, en quoi? des
sons moins choquants, voilà tout.

La, de la, à la, la, ô, de ou par la, voilà la troisième
formule des six cas applicables au nom féminin, qu'il
commence par un cri ou par un signe modificateur, avec
cette observation, que quand le nom commence par un
cri avec ou sans h muette, on fait élision de l'a, lettre
que l'on conserve quand le nom commence par une
lettre aphonique ou par une h rude.

Exemples de ces trois natures d'articulations
facilement reconnaissables.

Nominatif.	La femme.	L' histoire.	La horde sauvage.	L' orgie.
Génitif. . .	De la femme.	De l' histoire.	De la horde.	De l' orgie.
Datif. . . .	A la femme.	A l' histoire.	A la horde.	A l' orgie.
Accusatif. .	La femme.	L' histoire.	La horde.	L' orgie.
Vocatif. . .	O femme!	O histoire!	O horde!	O'orgie!
Ablatif. . .	De ou par la femme.	De ou par l'histoire.	De ou par la horde.	De ou par l'orgie.

Les, des, aux, les, ô, de ou par les, quatrième formule applicable au pluriel de tous les noms, quels que
soient le genre ou les lettres initiales.

Nom. Les hommes.		Chevaux.	Héros.	Femmes.	Histoires.	Hordes.	Orgies.
Gén. . Des hommes.		Chevaux.	Héros.	Femmes.	Histoires.	Hordes.	Orgies.
Dat. . Aux hommes.	Pas de pluriel à orgueil.	Chevaux.	Héros.	Femmes.	Histoires.	Hordes.	Orgies.
Acc. . Les hommes.		Chevaux.	Héros.	Femmes.	Histoires.	Hordes.	Orgies.
Voc. . O hommes!		Chevaux.	Héros.	Femmes	Histoires.	Hordes.	Orgies.
A. De ou par les hommes.		Chevaux.	Héros.	Femmes.	Histoires.	Hordes.	Orgies.

Voilà le type des articulations de tout ce qui n'est pas
nom, qualité ou substance, et ces articulations, rappro-
chées ou du nom ou du verbe, lient ces mots ensemble
et les présentent réciproquement dans toutes les conditions ou dans toutes les positions où peut se trouver la
vie qui les anime ou dont ils sont la manifestation.

Malgré les grandes différences que l'on peut remar-

quer déjà entre notre manière d'envisager les articulations et le fameux *article* de la grammaire, nous nous
croirions encore de beaucoup trop près d'elle si nous en
restions là ; nous n'aurions pas suffisamment prouvé
que tous les mots qui ne sont point des objets, qualités
ou substances sont des articulations ; nous allons compléter cette démonstration.

Et pour cela, nous allons passer en revue les pronoms de la grammaire, qui sont des articulations de la
première catégorie, et nous allons en faire des articulations de la seconde catégorie, car il est évident que si
nos noms sont en même temps des verbes et si nos
verbes sont en même temps des noms, les mêmes articulations doivent servir dans les deux cas ; il suffit de les
différencier pour chaque circonstance.

Voici ce que la grammaire appelle des pronoms personnels : je, me, moi, nous ; tu, te, toi, vous ; il, elle,
le, la, lui ; ils, eux, elles, les, leur ; se, soi, en, y.

Exemple du mot MOI *articulation de deuxième
catégorie.*

Nominatif. Moi homme, montrerai mon courage.
Génitif... De moi homme, on connaîtra le courage.
Datif.... A moi homme, on rendra justice pour mon courage ou
on *me* rendra justice.
Accusatif.. Moi homme connu pour mon courage.
Vocatif... O moi homme plein de courage.
Ablatif.... De moi *ou* par moi, homme, on saura ce qu'est le courage.

Observations : Les mots je, me, moi, se résument
dans ce dernier mot *moi;* car le mot je, son équivalent,
reste une spécialité attachée à la formule du verbe, et
le mot me est un accident de déclinaison du mot moi
et en représente le troisième cas, c'est-à-dire le datif,
c'est-à-dire l'action indirecte, comme nous venons de le
voir : on me rendra justice, c'est-à-dire, on rendra justice
à moi ; me représente aussi l'accusatif, et dans les deux
cas il ne peut être employé que comme régime antécédent. — Le même raisonnement s'applique à tu, te, toi
et prétendus pronoms suivants, et ce qu'il y a de re-

marquable, c'est que parmi ces pronoms personnels la grammaire place les mots le, la, les, dont tout à l'heure elle a fait son fameux, son unique article, et cette fois elle se trouve dans le vrai, sans le vouloir et sans le savoir, car toutes les articulations se conjuguent avec le verbe comme elles se déclinent avec les noms, et se déclinent avec le nom comme elles se conjuguent avec le verbe, moyennant quelques différences de forme, comme nous venons de le voir dans je ou moi ; une logique invincible le voulait, puisque le nom est verbe et que le verbe est nom.

Nous aurions des milliers de mots à examiner ainsi, mais chacun de nos concurrents futurs pourra continuer ce travail, en appliquant la formule des déclinaisons à tous les mots qui la comportent et que nous avons indiqué.

Nous allons seulement en examiner encore un qui nous tient au cœur, parce que nous allons en faire une application immédiate. Il s'agit de l'articulation qui.

Nominatif. Qui a dit cela ?
Génitif. . . De qui tenez-vous cela ?
Datif. . . . A qui dites-vous cela ?
Accusatif. . Qui, que, quoi, que dites-vous ? vous dites quoi ?
Vocatif. . . O qui dira tout ce que je sens ?
Ablatif. . . De *ou* par qui avez-vous entendu dire cela ?

Il s'agit d'établir ce fait : Le mot *que* est un accusatif en ce qu'il ne représente jamais que des noms qui sont le régime direct des verbes devant lesquels il est toujours placé pour cette représentation.

Le mot *qui* aussi placé, dans l'exemple qui précède, à l'accusatif en même temps que le mot *que*, reste un accusatif de position comme tous les mots accusatifs, toujours placés immédiatement après le verbe dont ils sont le régime ; alors il n'est pas besoin de les différencier du nominatif, lui aussi toujours placé devant le verbe qu'il commande, et dans tous les cas, s'il y a quelques inversions, les accords donnent toujours le moyen de ramener les mots à leur véritable place, ce qui a permis d'éviter la recherche des moyens de distinction entre le nominatif et l'accusatif ou régime du verbe en général; mais avec le mot *qui*, point d'accord possible, il est de tous genres, de tous nombres, de tous cas, et justement son rôle dans le langage est d'être toujours placé devant le verbe pour y représenter le régime direct de ce même verbe; force a donc été de différencier cet accusatif *qui*, pour cet usage spécial et d'en faire le même accusatif *que*. Exemple : J'aime *qui* m'aime, *que* et *me* sont toujours des accusatifs antécédents; *me* a deux acceptions, accusatif et datif antécédent. Ce mot *que* est donc toujours un accusatif, et nous mettons au défi quiconque d'en trouver une application juste qui ne soit pas un accusatif, c'est-à-dire un régime direct du verbe placé devant ce verbe, en accord avec le nom auquel il est relatif.

Quand nous voyons tous les pronoms, même les pronoms personnels, se transformer en articulations déclinables, quand nous voyons la déclinaison fournir les prétendus pronoms personnels et tous autres, quand nous voyons que des mots de toute nature peuvent servir de pronoms? y a-t-il une spécialité de mots qu'on puisse appeler pronom? évidemment, non.

> Sitôt? Etes vous sage, répartit l'animal léger.

L'animal léger tient la place du nom lièvre, ce serait un pronom.

> Ma commère il vous faut purger,
> Avec quatre grains d'ellébore.

Ma commère tient la place du nom tortue, ce serait encore un pronom.

> Ainsi fut fait, et de tous deux,
> On mit près du but les enjeux.

De tous deux tient la place des deux noms lièvre et tortue, ce serait toujours un pronom.

Il n'est donc pas étonnant qu'on puisse faire des pronoms avec les articulations, puisqu'on peut en faire avec tous les mots; mais le pronom ne se rattache à aucun principe; ce n'est pas un fait, ce n'est pas un acte, c'est un moyen, une formule dont on éviterait l'emploi en répétant le nom lui-même autant de fois qu'il est remplacé par le pronom; ce serait fastidieux, comme si au lieu d'une multiplication on répétait le multiplicande autant de fois qu'il y a d'unités dans le multiplicateur, on aurait une addition avec les ennuis de la longueur de l'opération en plus. — Le pronom et la multiplication sont de simples formules qui ne peuvent entrer dans l'examen des principes. Il n'y a point de pronoms spéciaux qui ne soient des articulations comme celles du verbe, les autres se prenant partout ne se trouvent nulle part. Il n'y a pas de pronoms, il n'y a que des articulations.

Voyons, en passant, la préposition, c'est la plus curieuse invention de la grammaire.

Quand on dit : je vais *à* Paris, la lettre à n'est point avant Paris; elle n'appartient pas au mot Paris; elle est après le verbe aller; elle appartient au verbe aller.

Je vais *à*..... Je vais *à*..... Je vais *à*....., la phrase est parfaitement commencée, elle a presqu'un sens, c'est un corps auquel il manque un membre, mais on voit bien que les deux premiers membres ont entre eux une liaison étroite qui n'existera pas avec le troisième qui viendra s'y joindre, sans rien changer à leur connexité, et la preuve, c'est que ce troisième membre sera ce que vous voudrez, un objet, ses qualités ou ses substances; vous pouvez remplir les blancs de quel nom vous voudrez *au datif*, il s'adaptera toujours bien.

L'A appartient donc au verbe et serait, au lieu d'une préposition, une post-position.

Mais on dit, sans avoir besoin de faire précéder ces deux mots d'un verbe : *à* Paris, simplement. — C'est une très-grande erreur. — Si ce fait se présente, il cache toujours une inversion qu'il est nécessaire de rétablir pour appliquer les principes : A Paris on trouve tout ce que l'on peut désirer. On trouve *à*... Paris tout ce que l'on peut désirer. Il est impossible de trouver une application qui ne rentre pas dans cet exemple.

La lettre A et toutes les prépositions de la grammaire sont dans le même cas ; nous ne dirons pourtant pas, quoique mieux fondé, que l'*a* en cette circonstance soit une post-position, nous serions aussi ridicule que la grammaire ; c'est une manière de joindre les mots, c'est une articulation.

Voici une autre preuve ou plutôt une autre manière de prouver. Nous avons établi que le nom propre n'est qu'un nom complémentaire, qu'il ne désigne foncièrement rien lui seul, qu'il suppose toujours la présence exprimée ou sous-entendue du nom commun qu'il complète. Ainsi, quand vous dites : Je vais à Paris, vous dites en réalité et nécessairement : Je vais *à la* ville de Paris, et vous voyez de suite l'articulation déclinable : A la, datif. Il n'y a point de préposition A ni autres.

Est-ce tout encore ?

Les autres prétendues prépositions ne se déclineraient-elles pas comme les autres articulations ? Faisons quelques essais :

Nom.	Sur au lieu de sus. par euphonie.	Sous.	Dans.	Près.	Côté.	Tour.
Gén..	Dessus.	Dessous.	Dedans.	De près.	De côté.	Du tour.
Dat..	Au-dessus.	Au-dessous.	Au-dedans.	A ou près.	A côté.	Autour ou alentour.
Acc..	Dessus.	Dessous.	Dedans.	Près.	Côté.	Tour.
Voc..	O dessus !	O dessous !	O dedans!	O près!	O côté.	O tour!
Abl..	Par-dessus.	Par-dessous.	Par-dedans.	Par après ou exprès.	Par côté.	Par tour.

Il y a bien quelques légères irrégularités dans ces déclinaisons, mais quel est l'homme de bon sens qui ne reconnaîtra pas là les articulations déclinables dans ces prétendues prépositions. L'un des trois moyens que nous venons d'indiquer les ramènera toujours à leur vraie signification : Articulation.

Nous avons rendu à l'adjectif de la grammaire son rôle principal de nom-verbe complémentaire, et il a disparu comme adjectif.

Nous avons réduit le pronom à l'état de simple formule qui se prend partout sans se rencontrer nulle part, et il a disparu.

Nous avons rendu à l'adverbe sa place de qualité de

la pensée maîtresse du verbe, loin d'être sa subordonnée, et l'abverbe a disparu.

La fausseté de la préposition est encore sous nos yeux.

Nous ne parlerons pas de l'interjection, qui n'est qu'un cri de la souffrance ou de la joie arraché à la pensée privée de sa liberté par ce sentiment ou cette sensation exagérés; ce cri ne repose donc sur aucun principe ; n'ayant aucune forme, il peut les adopter toutes, il n'y a donc pas à s'en occuper.

Reste la conjonction, mot étrange, quand toutes les articulations sont, comme la prétendue conjonction, un moyen de joindre les mots ensemble. Pour nous, nous ne connaissons qu'un conjonction dans le langage, c'est le trait d'union : chef-d'œuvre, avant-coureur; mais voyez comme cette conjonction rend les mots rigides, ils ne peuvent plus se mouvoir, ils ne peuvent pas se séparer, ils sont soudés l'un à l'autre; est-ce là le but de la conjonction? évidemment non. Il faut aux noms et verbes les moyens de se séparer, de se réunir, de se montrer dans toutes les conditions, dans toutes les positions qui peuvent se présenter, et ces moyens ne se trouvent que dans la souplesse des articulations. Il n'y a pas de conjonctions.

Ainsi la grammaire a perdu sept mots sur dix :

Le fameux article, l'adjectif, le pronom, l'adverbe, les participes, la préposition et la conjonction.

Restent les verbes, les noms, les articulations.

Mais ces mots ne la concernent pas plus que les autres, elle n'en connaît pas la signification.

SUPPRESSION DE L'ACCORD

DES PARTICIPES.

Nous déclarons à l'avance atteints d'une infirmité grave ceux qui, après nous avoir lu, continueront à faire ce qu'on appelle l'accord des participes.

Nous avons promis d'affranchir le langage d'une règle de la grammaire qui porte le cachet de toutes ses conceptions, le cachet de la folie.

Il s'agit de l'accord des participes avec le nom auquel ils se rapportent, quand ce nom est représenté par un pronom placé devant le participe.

Il nous est bien facile de tenir notre promesse, d'abord par cette raison sans réplique, qu'il n'y a pas de participes, c'est-à-dire qu'il n'y a pas une partie du verbe qui puisse avoir deux significations, et par cette autre raison, sans réplique aussi, que l'adjectif, qui serait cette seconde signification, est un mythe sans plus d'existence que les participes, les mots qu'on appelle ainsi étant des noms positifs, complémentaires des formules avoir et être, c'est-à-dire étant eux-mêmes des verbes spéciaux et ne figurant dans ceux où on leur fait jouer un triste rôle, qu'à titre d'acteur ou de patient : Je suis voyant, je suis vu.

Malgré ces deux propositions qui ne peuvent plus être contestées, d'après ce que nous en avons dit preuves en main, nous allons encore démontrer l'absurdité de cet accord par d'autres arguments tout aussi concluants, quoique cela puisse paraître difficile.

J'ai vu une femme, ou, la femme que j'ai vu ; n'est-ce pas tout un ?

Les formules avoir et être n'ont, dans les temps composés des verbes substantifs, que la valeur d'un changement de terminaison. En effet, les Latins disent, continuant leur changement de terminaison dans nos temps composés comme dans leurs temps simples : *amavi*, j'ai aimé ; *amaveram*, j'avais aimé ; *amavero*, j'aurai aimé. Voilà qui réduit la valeur de nos formules auxiliaires dans les temps composés de nos verbes, à celle d'un simple changement de terminaison.

S'il en est ainsi, et cela ne saurait être contesté, faites donc un accord entre deux mots dont l'un doit être considéré comme immuable.

Mais sans chercher si loin : la femme que je vois, la femme que je voyais, la femme que je verrai, ne présenteraient donc aucun accord dans les différentes parties de ces trois phrases, parce qu'aucun accord n'est possible avec les mots, cette fois bien immuables, je vois, je voyais, je verrai ; alors ce qui serait vrai pour les temps simples serait vrai pour les temps composés. Commencez-vous à comprendre l'absurdité de l'accord ? Nous avons pourtant à peine commencé.

Nous n'avons présenté que des hypothèses négatives qui ne nous suffisent pas. Elles montrent bien clairement le vice de la règle et ne font pas connaître la règle véritable. Notre but étant l'enseignement du langage, nous allons la faire connaître.

On a vu que la formule ÊTRE peut conjuguer tous les verbes :

J'aime.	J'aimais.	J'ai aimé les pommes.
Je suis aimant.	J'étais aimant.	J'ai été aimant les pommes.

Les pommes que j'ai AIMÉES.

Les pommes que j'ai été AIMANTES

Voilà la valeur de l'accord ; le contre-sens est-il assez clair ?

Voici la règle : Il y a accord dans les temps simples, il y a accord dans les temps composés : la femme *que* je vois, la femme *que* j'ai vu, présente un accord parfait du nom femme avec l'articulation pronominale que ; le mot que est toujours, comme on l'a vu, un accusatif, et le nom femme étant aussi un accusatif, par rapport au verbe voir, dont il est le régime direct, ces deux accusatifs forment le seul accord obligé des deux mots nom et pronom. — Nous renouvelons notre défi de rencontrer dans le langage un *que* qui ne soit pas régime direct du verbe devant lequel il est placé, c'est-à-dire un accusatif ; ou un *que* auquel on puisse donner une autre valeur.

Prenons encore pour exemple une autre articulation pronominale dans les mêmes conditions.

Ces femmes sont jolies, je *les* ai *vu* à la promenade.

Est-ce que le mot *les*, articulation pronominale, n'est pas en accord parfait avec le nom femmes, tous deux au pluriel, seul accord possible.

Dans le système de la grammaire (si jamais la grammaire a eu un système), il y aurait deux accords pour le même mot, celui du nom avec le pronom, que nous venons de faire connaître, et un autre accord du même nom avec le verbe *auquel il ne se rapporte pas du tout;* en effet, moi voyant, j'ai vu une femme, c'est dire: cette femme a été vue par moi, et vous voulez faire accorder l'acteur avec le patient, ou l'actif avec le passif; s'il y avait accord possible, ce devrait être entre l'acteur et l'action; mais le verbe est absolu dans sa signification, immuable dans ses terminaisons actives.

Les auteurs de la grammaire ne pouvaient pas ignorer ces principes. En même temps que la langue française ils enseignaient la langue latine, ils ont indéfiniment rencontré dans cette langue cet accord du nom avec l'articulation pronominale qui tient sa place : Mulier *quam* video, *quam* vidi homines, *quos* video, *quos* vidi, la femme *que* je vois, *que* j'ai vu; les hommes *que* je vois, *que* j'ai vu, mais ils n'ont jamais rencontré ailleurs que chez eux l'accord malheureux qu'ils ont inventé.

Nos sœurs de race latine, les langues espagnole et italienne emploient aussi les formules avoir et être dans les temps composés de leurs verbes, et aussi l'articulation pronominale *que,* mais l'idée d'une pareille ineptie ne leur est pas venue.

Anda invuelto en la mas reñida y trabada batalla que mis ojos han visto.

Il marche enveloppé dans la plus terrible, dans la plus laborieuse bataille que mes yeux aient *vu*, et non pas *vue*; visto, et non pas vista.

Miguel Cervantès (bonne autorité, croyons-nous.)

Quel a donc été le mobile de la grammaire pour faire cette mauvaise plaisanterie? toujours le même : mettre un voile sur la vérité, présenter des questions oiseuses pour éviter ce qu'il y a de sérieux dans l'étude du langage, qui amène forcément les plus hautes questions philosophiques.

La crainte de passer pour ignorant, l'amour-propre, puisqu'il faut l'avouer, nous ont toujours imposé cette tyrannie de la grammaire; désormais pourtant, et nous avons déjà commencé, supposant qu'on nous aura lu et compris, plus jamais ne ferons ce que la grammaire appelle l'accord des participes.

Le temps viendra où cet accord, à son tour, fera preuve d'ignorance, et ce temps n'est pas éloigné; il est venu si la raison peut reprendre quelqu'empire.

RÉSUMÉ DE NOS GRANDS PRINCIPES

Le langage est, après les actions, la traduction de la pensée.

Le but du langage est l'association de tous dans l'intérêt de chacun.

Les moyens de constituer le langage se trouvent dans les cris naturels et dans les cris modifiés.

Les cris naturels forment seuls une traduction suffisante pour la pensée des animaux.

Les cris naturels mélangés aux cris modifiés qui donnent les sons, forment ensemble un langage perfectionné en rapport avec la position supérieure que, grâce à ses formes, l'homme a su prendre sur les animaux.

Les deux espèces de cris réunis donnent les mots, les mots réunis donnent les phrases, les phrases réunies donnent le langage ou discours.

Le verbe, qui est la vie, se compose de deux parties bien distinctes.

La pensée d'une part et l'organisme de l'autre part.

La pensée est la vie, l'organisme en est la manifestation; sans la pensée l'organisme ne peut agir, sans l'organisme la pensée ne peut se manifester.

La pensée tout entière est une qualité.

Son indivisibilité fait que toutes ses parties, même infinitésimales, sont des qualités.

L'organisme tout entier est une action.

Son indivisibilité fait que toutes ses parties, même infinitésimales, sont des actions.

Ces principes du verbe et de la vie s'appliquent avant tout à la vie universelle : A Dieu, dont la pensée qui constitue le Verbe, ne peut nous apparaître qu'à travers son organisme, qui est l'univers tout entier.

N'est-ce pas la grandeur des manifestations de son organisme qui seules nous font connaître Dieu?

Dieu, le Verbe par excellence, a donc pour organisme l'univers entier, l'indivisibilité de l'ensemble de chacune des deux parties de sa vie et leur indivisibilité entre elles fait que l'univers entier est le verbe, a la vie même dans ses parties infinitésimales. C'est la vie universelle.

Ces principes sont nécessairement les mêmes pour les productions des différentes parties de la vie universelle qui ont nécessairement la vie, comme la vie universelle elle-même, puisqu'elles en sont une conséquence indivisible. C'est la vie générale.

Ces principes sont encore nécessairement les mêmes pour les productions des différentes parties de la vie générale qui ont nécessairement la vie, comme la vie générale elle-même, puisqu'elles en sont une conséquence indivisible. C'est la vie individuelle.

Et l'unité du principe de la vie sous ces trois formes ne saurait être mieux démontrée et prouvée que par la ressemblance de toutes leurs parties, qui peuvent toujours être ramenées au même point.

Si Dieu parlait, si Dieu pouvait parler, nous n'irions pas chercher loin les principes du langage. Mais la communication de la pensée humaine par le langage est nécessairement réciproque, son but étant l'association. Dieu n'a pas d'interlocuteur possible, pas d'association à faire, pas de forces à augmenter, pas de besoins à exprimer; sa grande voix, si on pouvait la supposer partant du grand organisme de l'univers, ferait trembler l'infini sous ses trois formes :

Annuit atque totum nutu tremefecit olympum.

Les Latins, avec un signe de sa tête, les Grecs, avec un mouvement de sa chevelure, lui faisaient ébranler l'univers.

Pour nous, plus simplement, les œuvres, les actions seules, sont le langage de la pensée divine comme de la pensée humaine; car pour être le vrai langage, c'est-à-dire la communication exacte et réciproque de la pensée humaine, il faut que ce langage soit en parfaite harmonie avec les actions ; en cas de dissidence, toujours les actions ont raison et traduisent seules véritablement la pensée; les actions ne mentent pas, le langage ment souvent, *omnis homo mendax*. On fait souvent mentir Dieu, mais Dieu ne peut mentir, puisqu'il n'a pour manifester sa pensée que les actions du grand organisme, et ses actions ne mentent jamais.

Quand on dit que la puissance infinie de Dieu peut tout, on se trompe ou l'on trompe : Dieu ne peut pas se détruire lui-même, comme l'homme ne peut pas davantage, par un simple mouvement de sa pensée, se détruire lui-même. La pensée vie de l'homme n'a point d'action sur le cœur, les poumons, l'estomac, etc., soumis en dehors d'elle à des lois générales dont la moindre interruption ferait cesser la vie individuelle; de même, pour le grand corps universel, la moindre interruption de ses mouvements, soumis à des lois générales en dehors de la pensée divine, ferait cesser la vie du corps entier, et Dieu ne peut pas plus arrêter dans sa marche un grand corps sidéral, partie indivisible de son organisme, que la volonté de la pensée humaine ne pourrait arrêter la respiration, les battements du cœur ou les effets chimiques des fonctions viscérales, digestives ou autres.

Une interruption dans l'attraction de l'un des grands corps serait le chaos pour tous.

Une interruption des fonctions d'une partie organique de la vie individuelle amène la mort de l'ensemble.

Dieu, ni l'homme, n'ont d'action sur les parties de la vie soumises à des lois générales résultant des formes et desquelles dépend- leur propre existence ; ce sont des lois constitutionnelles, et Dieu, lui, ne les enfreint pas.

Le suicide ne peut s'appliquer à Dieu, et ce n'est pas le lieu de montrer le suicide humain sous son véritable point de vue.

C'est dans ce qui nous reste à dire des verbes du langage, c'est dans les questions que nous adresserons au langage lui-même et dans les réponses que nous en tirerons, que vont se trouver les preuves de tous nos principes. Ils seront eux, et leurs accessoires, traités comme des problèmes mathématiques et résolus comme eux par le langage, sans qu'il y ait doute possible sur l'exactitude de la solution.

Comment de tout jeunes gens, presque des enfants, pourront-ils entrer dans ces considérations générales que vous nous présentez comme nécessaires pour comprendre l'enseignement du langage ?

Votre objection serait fort juste si nous devions agir comme vous nous faites parler; mais ici nous ne nous adressons pas encore à la jeunesse, nous parlons à nos futurs concurrents, qui devront tirer de ces grands principes des propositions simples, claires, nettes et précises, à mettre sous les yeux des enfants et propres à leur inculquer les vrais principes. — - Ce serait folie de vouloir les faire arriver d'un seul bond sur les hauteurs que l'âge et les fatigues nous ont permis d'atteindre; nous leur tracerons doucement, mais nettement et franchement la route, certain que les forces grandissant ils trouveront facilement le chemin que nous leur aurons seulement indiqué.

Et puis, est-il bien vrai que les enfants ne pourraient rien comprendre à nos grands principes ?

Il nous prend fantaisie de vous démontrer que leur grandeur, qui rapproche l'homme de la divinité, peut s'allier à leur simplicité, qui les rapproche de l'enfance.

Ainsi, nous avons dit que tous les objets, toutes les parties d'objets, même infinitésimales, que toutes les parties intégrantes des objets avec lesquels elles sont indivisibles étaient des noms-verbes positifs.

Assurément, ce principe ainsi présenté dans sa généralité peut offrir aux jeunes gens certaines difficultés qu'éprouveraient bien aussi des gens d'un âge plus avancé.

Mais quand après l'exposition de ce principe nous dirons aux jeunes gens : Tous les mots du langage qui peuvent s'adapter comme complément aux formules de verbe avoir et être sont des noms-verbes positifs ; si cette affirmation est absolument exacte et ne souffre pas d'exceptions, vous ne pourrez plus dire que l'enfant ne comprendra pas ce grand principe du verbe s'attachant à toutes les parties visibles et tangibles de l'univers.

Demandez ensuite à l'enfant la valeur du mot tête, il vous répondra : on peut dire avoir une tête. — Tête peut donc être complément du verbe avoir ; c'est un nom-verbe positif.

Demandez-lui la valeur du mot pensée. — Même réponse ; on peut dire, avoir une pensée. — Pensée est complément du verbe avoir, — nom verbe-positif.

La valeur du mot charité, avoir la charité, nom-verbe positif.

La valeur du mot vertueux, être vertueux, nom-verbe positif.

Charité et vertueux, parties intégrantes de l'objet qui *est* charitable, ou *a* la vertu.

Le langage apporte ici la preuve mathématique du principe posé et le met à portée de l'enfance ; nous le verrons mieux encore bientôt.

Nous avons dit : la pensée tout entière est une qualité, et toutes ses parties indivisibles sont nécessairement, comme elle, des qualités.

Assurément, ce principe ainsi présenté dans sa généralité, peut offrir quelque difficulté d'application à l'en-

fance et même à l'âge mûr; mais quand après l'exposition de ce principe, nous dirons à l'enfant : tous les mots
du langage qui font trois parts d'une qualité, comme activité, actif, activement; propreté, propre, proprement;
vertu, vertueux, vertueusement, etc., etc., sont ou la
pensée (pensée, pensif, pensivement) ou l'une de ses
parties indivisibles.

Si cette affirmation est exacte d'une façon absolue et
ne souffre pas d'exceptions, vous ne pourrez plus dire
que l'enfant ne comprendra pas ce grand principe de la
pensée qualité dans son entier, comme dans toutes ses
parties.

Voilà encore le langage qui apporte ici la preuve mathématique du principe posé et le met à portée de l'enfance.

Que si la pensée présente plusieurs sortes de qualités,
ce qui est vrai, elles auront toutes une formule qui les
fera reconnaître d'une façon certaine, nous en prenons
l'engagement.

Nous ne serions pas étonné maintenant que nos enfants, de l'intelligence desquels vous paraissez douter,
disent : Mais toutes les qualités formulées par le langage, en trois parties, dont les deux premières parties
peuvent faire un complément aux formules avoir et être
sont des parties intégrantes du nom-verbe positif et nom-
verbe positif elles-mêmes, ce qui est encore une formule
ayant la valeur d'un principe et une nouvelle preuve
mathématique, par le langage, des deux principes précédents.

Avoir de l'activité, être actif; avoir de la propreté,
être propre ; avoir de la vertu, être vertueux.

Et ainsi de tous nos grands principes.

Et nos enfants pourront donner des leçons à l'âge mûr
qui leur dénie l'intelligence et leur parle dans la grammaire le langage de la folie.

Nous allons aborder les différentes parties de la pensée,
que nous mettrons à portée de l'enfance par des moyens
analogues.

Il existe pourtant des mots qui paraissent être des qualités et qui n'en sont pas; ainsi : visibilité, perceptibilité, concevabilité et tous les composés passifs du verbe voir, qui font au second terme, visible, perceptible, concevable, ont toutes les formes apparentes d'une qualité, mais ce n'est, en effet, qu'une apparence, dont voici l'explication :

L'œil est un agent actif de la pensée; vous avez faim, et l'œil cherche un arbre chargé de fruits qui puisse satisfaire votre appétit; il trouve l'arbre et les fruits, les livre à la pensée qui commandera les actions nécessaires à la satisfaction du besoin signalé. — Voilà l'activité de l'œil constatée. Mais pour l'exercice de cette activité, il faut que l'arbre soit visible ; il n'y a pas d'activité sans passivité, c'est-à-dire sans objet sur lequel elle puisse s'exercer, et c'est cette passivité que désignent les mots visibilité, visible, visiblement, en trois termes correspondants aux parties visées activement par les qualités actives de la pensée.

Malgré les apparences et la règle, visible n'est donc point une qualité de l'objet vu ; cet objet ne prend aucune part à l'action dont il est l'objectif, il n'a pas même conscience de cette action; l'astre ne peut être influencé par l'action de l'œil sur lui à travers le télescope.

Le moyen formule de reconnaître cette fausse qualité de l'objet est d'en faire un passif : visible, *pouvant être vu;* perceptible, pouvant être perçu; concevable, pouvant être conçu, et cette possibilité de faire un passif d'une apparente qualité prouve qu'elle n'est réellement pas une qualité, puisque toutes les qualités des objets positifs sont actives : pouvoir être honnête, pouvoir être juste, pouvoir être bon, etc. ; heureusement, ces fausses qualités passives se limitent à l'action de la vue : voir et ses composés, percevoir, concevoir, prévoir, apercevoir, recevoir, etc., ce n'est qu'une petite exception d'une distinction facile, surtout avec la formule passive.

Il existe encore des mots qui présentent des qualités réelles cette fois et qui ne partent point de la pensée, mais ces mots, au lieu d'être l'objectif des sens, ont les sens pour objectifs; ces mots sont des substances qui ont pour objectifs les sens passifs de la pensée, car si l'œil dans son activité cherche et découvre les objets, l'ouïe et l'odorat attendent tranquillement leurs substances; l'activité part donc de ces substances pour arriver à ces deux sens passifs; c'est le contraire de l'œil, sens actif; cause contraire, effets contraires, et l'activité se trouve dans les substances au lieu d'être dans les agents de la pensée : sonorité, sonore; bruit, bruyant; cri, criard; odeur, odorant; telles sont toutes les substances qui empruntent leurs formes aux vraies qualités de la pensée. Mais cette fausse note du langage nécessitée par la passivité des sens qui ne pouvaient se rencontrer qu'avec une activité, est limitée aux quelques mots que nous venons d'indiquer; rien autre que les bruits, sons, cris et odeurs, ne peut arriver à l'ouïe, ne peut arriver à l'odorat; ce fait signalé à l'enfance est à portée de son intelligence. Tangible et palpable, parmi les sensations, sont dans le même cas. Du reste la substance revient bien vite à son naturel et rentre dans sa spécialité par les verbes substantifs : son, sonner; bruit, bruire; cris, crier; odeur ou senteur, sentir; ce que nous allons retrouver dans le chapitre suivant et dernier.

Nous allons continuer à disséquer la pensée, à la faire connaître à l'enfance, toujours au moyen de formules du langage.

La pensée a deux natures de qualités : les qualités simples ou natives, et les qualités complexes ou acquises.

Quand nous disons qualités natives, nous ne disons pas innées, ce qui serait absurde; car si les qualités sont la puissance du commandement de la pensée sur les formes, pour leur faire exécuter les actions, les actions étant toujours circonstancielles, il ne saurait y avoir de qualités innées, qui ne pourraient s'inspirer des circonstances pour présider aux actions. S'il y a, dans l'objet, des parties innées, ce sont ses formes soumises aux qualités.

Les qualités simples sont le choix par la pensée d'une

ou de plusieurs formes de l'organisme pour exécuter une action.

Se lever.	Cette action procède de	l'activité, actif, activement.
Se vêtir.	— —	la décence, décent, décemment.
Se vêtir suivant la saison. . .	— —	la prévoyance, prévoyant, prévoyamment.
Prier..	— —	la piété, pieux, pieusement.
Travailler. . . .	— —	du labeur, laborieux, laborieusement.
Balayer.	— —	la propreté, propre, proprement.

On pourrait continuer indéfiniment, et on ne trouverait pas une action qui ne procède d'une qualité de la pensée.

Les qualités complexes partent de la même cause et produisent les mêmes effets, la différence est qu'elles consistent en une multitude de commandements et d'actions répétés qui forment un ensemble; pour revenir à l'unité, quand la multiplicité des commandements et actions répétés ont donné à la pensée et à l'organisme la perfection nécessaire à sa constitution de qualité complexe et d'action complexe aussi.

La grammaire trouve ici sa véritable, sa seule place, c'est une qualité acquise par plusieurs années d'exercices et d'études ; — tristes exercices, tristes études, quand on n'a, pour connaître les principes, que ce livre affreux appelé grammaire ou qualité, sans doute par antiphrase.

La poésie, la peinture, la sculpture, sont des qualités acquises, et il y en a une infinité d'autres.

Grammaire, grammatical, grammaticalement.	GRAMMAIRIEN.
Poésie, poétique, poétiquement.	POÈTE.
Sculpture, sculptural, sculpturalement.	SCULPTEUR.
Peinture, pictural, picturalement.	PEINTRE.

Et la formule du langage qui distingue ces deux natures de qualités est bien simple, c'est d'honorer ceux qui ont pris, par de longs travaux, la peine d'acquérir une qualité complexe d'un titre spécial qui forme comme un quatrième terme de cette qualité : Grammairien, poète, sculpteur, peintre, tel est le titre donné à chaque possèsseur de chacune des qualités acquises que nous avons pris pour exemple ; titre qui distingue les qualités simples des qualités complexes.

Il y a des qualités complexes par elles-mêmes, qui prennent un quatrième terme sans rapports avec ceux qui auraient pu traiter cet état complexe de la qualité.

La pauvreté qui se présente sous tant de formes, a pour quatrième terme *Paupérisme*. Et sans aller loin, Dieu est le quatrième terme de la qualité : Divinité, divin, divinement ; quatrième terme qui passe au premier rang, puisque c'est toujours le dernier terme des qualités, celui qui passe dans les actions, qui fait connaître les autres.

Si vous n'agissez pas *activement*, troisième terme, qui connaîtrait votre *activité*, premier terme, et qui saurait que vous êtes *actif*, deuxième terme ?

Quant aux qualités intrinsèques de la pensée, qui donnent un ensemble d'opérations intérieures pour arriver par la photographie, le jugement et le raisonnement, à la mémoire, au sentiment, à la science ou conscience, à la puissance et à la volonté qui président au commandement, et déterminent toutes les actions, nous renvoyons nos futurs concurrents à ce que nous avons dit précédemment sur la constitution de la pensée.

La pensée présente encore, je ne dirai pas une anomalie, il ne peut y avoir rien d'anormal dans la constitution de la pensée, mais une distinction essentielle à faire. — C'est que différentes parties de la pensée, en même temps qu'elles se manifestent dans le langage, sous leur triple formule, partie intégrante de l'objet pensant, se manifestent encore dans le langage sous la forme constitutive des substances, ce qui annonce le double rôle qu'elles auraient à jouer dans le langage.

En effet, les sentiments, ce sont les parties de la pensée dont nous voulons parler, ont ce double rôle ; crainte, craintif, craintivement ; il a la crainte, il est craintif, il agit craintivement, a bien, ainsi, tous les caractères d'un nom positif, partie intégrante de l'objet, qualité de la pensée ; et cependant il peut prendre encore une autre forme qui le range parmi les substances, et alors il

devient verbe-nom, substantif, de nom-verbe qu'il était :
Craindre, fait crainte ; et voici l'explication du phénomène
de cette ambiguité apparente, c'est que les sentiments
sont des qualités incomplètes de la pensée. Ils ne sont
le produit que du second degré de sa juridiction qui en
a trois ; ils n'ont, en un mot, subi l'épreuve que de l'o-
pération centrale du jugement, comme vous pouvez vous
le rappeler ; et s'ils passent en cet état par l'action de la
parole dans le langage, ils y attendront leur complément
qu'ils doivent trouver dans la troisième partie de la pensée, le raisonnement, et dans les actions de l'organisme.

Vous dites à quelqu'un : je vous aime ; aimer, amitié
est un sentiment sorti pour ainsi dire au naturel de la
pensée par l'action du langage qui n'est pas toujours
probante, comme on sait, *omnis homo mendax*.

Aussi celui à qui vous avez dit : je vous aime, vous
répondra : vous dites que vous m'aimez, pour que je
vous croie il faut me le prouver par vos actions.

Si vous tenez à cette amitié déclarée, le raisonnement
continuera l'œuvre des deux premières parties de la
pensée et vous donnera le moyen de faire, par les actions,
la preuve qu'on vous demande. Et ainsi de tous les
sentiments ; il s'en trouve dans toutes les facultés de la
pensée.

Nous trouverons dans ce double rôle une formule
certaine pour reconnaître les mots qui expriment un
sentiment. Voici cette formule qui ne souffre pas d'exceptions :

« On reconnaît qu'un mot exprime un sentiment quand
« malgré ses trois formules qui en font une qualité de
« la pensée, la première de ses trois formules peut,
« moyennant un léger changement de forme, devenir un
« verbe substantif : »

Crainte, craindre ; haine, haïr ; envie, envier ; amitié,
aimer, etc.

DES SUBSTANCES

Nous n'ajouterons pas beaucoup à ce que nous avons déjà dit des substances; leurs parties si nombreuses, mélangées aux parties si nombreuses aussi des objets, ne peuvent pas être confondues; tout ce qui fait partie des objets trouve sa consécration dans son rapprochement des formules avoir et être, dont il est le complément nécessaire, tandis que tout ce qui fait partie des substances forme un verbe spécial à chaque substance.

Tous les objets *sont* des verbes;

Toutes les substances *font* des verbes.

Sont et *font* sont des verbes et font des verbes; il n'y a pas d'autre formule à chercher pour distinguer ces deux seules, ces deux grandes parties du langage, correspondantes aux deux seules grandes parties de l'univers.

On ne pourra pas prétendre que notre jeunesse studieuse rencontrera des difficultés dans cette distinction si simple à faire d'un *S* et d'un *F*. Que s'il faut y joindre une troisième partie du langage, les articulations, on peut, comme résumé, procéder à cet égard par exclusion et dire : ce qui n'est pas un objet ou une substance, c'est-à-dire ce qui n'est pas ou ne fait pas un verbe, est une articulation. Mais nous avons amplement traité cette partie, et l'on n'a d'ailleurs qu'à regarder toutes les parties, tous les articles de son corps pour bien comprendre la nécessité des articulations et les effets de leur emploi. Il n'y a dans le langage qu'un mot, un seul mot, qui fasse disparate; il est seul de son espèce; il est sans signification, sans valeur aucune; il ne peut faire ni complément des formules avoir ou être, ni former un verbe par lui-même; c'est ce que constate son exclusion du langage par le langage lui-même, qui ne le considère pas comme son enfant, mais comme un enfant de la folie, sans existence sérieuse.

Ce mot est le mot *métaphysique*. Il n'y a point de métaphysique (on ne peut pas dire : j'ai de la métaphysique, ni je suis métaphysique, ni métaphysiquer. Sous aucune forme ce mot ne peut pénétrer dans le langage). Y en eût-il, comme nous l'avons déjà démontré, que nous n'en saurions rien ; tout l'univers pour nous se compose de deux objectifs : objets et substances, et de deux moyens de les percevoir ; c'est tout. Ceci n'est pas nouveau ; nos maîtres en fait de langage, les Romains, si ingénieux dans leurs allégories indicatives de ce qu'ils croyaient être des abstractions, avaient placé entre ces deux mots, physique et métaphysique, deux colonnes qu'il ont nommé les colonnes d'Hercule. En effet, nulle force, dont Hercule était la plus grande expression, ne peut franchir le monde physique pour arriver au monde métaphysique, qui n'existe pas ; *meta*, borne, représente ces colonnes, et c'est avec grand'raison qu'on a gravé sur chacune d'elles : *nec plus ultrà*.

Pauvres enfants ! on vous a souvent parlé des colonnes d'Hercule, je ne crois pas qu'on vous en ait jamais donné cette explication compromettante ; je ne crois pas même que votre intelligence obscurcie par la boue fangeuse de la grammaire vous ait permis d'en saisir la portée. Combien de vieillards aussi parlent des colonnes d'Hercule sans savoir ce à quoi ils font allusion, tant sont incurables les maladies de l'intelligence contractées au contact de la grammaire.

Il n'y a jamais eu de métaphysique possible ; en tous cas il n'y en a plus, plus n'est besoin des colonnes d'Hercule. Notre système, basé sur la vérité, fait disparaître toutes les abstractions. Dieu est avec nous. Reprenons. Pourquoi, en parlant des deux grandes divisions du langage, disons-nous : nom-verbe pour les objets et verbe-nom pour les substances ?

Nous n'aurions d'autre raison que la nécessité d'établir par là une distinction entre les deux natures de mots, que ce motif pourrait suffire ; mais notre distinction est de plus basée sur l'ordre naturel des faits. Vous voyez l'objet avant de pouvoir l'apprécier, et vous commencez par lui donner un nom; vous ne connaissez la substance qu'après sa manifestation, et vous ne pourriez pas donner un nom à la danse sans avoir préalablement vu danser.

L'activité de l'œil découvre les objets avant la manifestation de leurs substances. Les sens passifs, l'ouïe et l'odorat, sont frappés par les substances avant que l'objet dont elles émanent soit connu.

Nous n'avons que trois parties du langage et nous croyons par nos explications, et surtout pour les enfants par nos formules qui ont toute la valeur des principes, avoir exposé d'une façon générale suffisante ce qui est nécessaire à la confection d'un livre élémentaire pour l'enseignement des principes et des règles du langage.

Si nous ne revenons pas sur les sensations de l'organisme dont nous avons fait connaître la nature, c'est que les mots qui les désignent suivent les mêmes règles que les objets ou substances. Avoir une maladie, être malade, donner ou recevoir un coup de poing, voilà les signes caractéristiques des parties intégrantes des objets et des substances. — C'est ce qu'on rencontre aussi bien dans la partie où se produisent les sensations ou les besoins que dans les autres parties de la vie individuelle.

DU DICTIONNAIRE

ÉMULE DE LA GRAMMAIRE

———◦◦◦———

Les mots du Dictionnaire sont la propriété de tout le monde.

Les étiquettes seules sont la propriété de celui qui s'est chargé d'en faire le classement. Ces étiquettes comportent l'indication de la nature ou origine du mot, de ses qualités, de sa valeur et de son emploi.

Si l'ordonnateur d'un Dictionnaire a pris pour base de ses étiquettes les indications de la grammaire, n'est-il pas à craindre que le meilleur Dictionnaire d'aujourd'hui ne prête à rire à l'enfance de la prochaine ou des prochaines générations ?

Dans la contexture d'un Dictionnaire il est impossible de séparer le nom-verbe de la formule *avoir* ou *être* qui le caractérise, comme il est impossible de présenter séparément les trois ou quatre termes qui constituent les qualités de la pensée, parties intégrantes des noms-verbes.

Ainsi le Dictionnaire ayant à faire connaître l'origine, la valeur et l'emploi de la qualité *vertu*, doit dire :

Vertu *(avoir de la)*, vertueux *(être)*, vertueusement *(agir)*.

Si vous n'agissez pas vertueusement, nul ne saura que vous avez de la vertu ni que vous êtes vertueux.

Vertueusement caractérise la substance agir devenue action par sa manifestation et montre la nature de l'intervention de la pensée dans l'action qu'elle commande et dirige.

Et comme toutes les actions procèdent d'une qualité de la pensée, cette qualité accompagne nécessairement la manifestation de la substance ostensiblement on inostensiblement, c'est-à-dire avec ou sans intervention du dernier terme de la qualité.

Ainsi, balayer, action mère de la substance balayage, sans accompagnement du dernier terme d'aucune des qualités de la pensée, n'en procède pas moins de la qualité qui a nom propreté ; le bon sens le dit, et le mot proprement s'accole, pour ainsi dire, de lui-même au mot balayer qui fait de la substance balayage une action *propre*.

Donc, ne pas séparer les noms-verbes de leur formule *avoir* ou *être ;* ne pas séparer les différents termes des qualités ; ne pas séparer la manifestation de sa substance, est une obligation étroite du Dictionnaire sans laquelle toutes ses explications sont illusoires.

Les premiers termes d'une qualité n'ont pas de raison d'être si le dernier terme ne les dévoile pas dans les actions qu'il accompagne.

De même pour la substance séparée de sa manifestation qui fait une action, elle n'a pas sa raison d'être et le Dictionnaire ne peut les expliquer que l'une par l'autre.

Il n'est pas un seul verbe qui ne soit la manifestation d'une substance, et pas une substance qui n'ait pour corrélation nécessaire le verbe qui en fait une action.

Ces principes sont incontestables, comme on va le voir par l'opération que nous conseillons :

Prenez un Dictionnaire, le plus complet que vous pourrez trouver ; placez les formules *avoir* ou *être* avant tous les mots qu'elles peuvent recevoir comme compléments ; placez le mot agir avant tous les derniers termes des qualités ; mettez en regard de tous les verbes la substance qui les accompagne nécessairement et qui, par ces verbes, devient une action, et quand vous serez au bout du Dictionnaire, sauf les articulations, tous les mots sans exception auront trouvé leur emploi.

La preuve est-elle assez concluante ? assez claire ? assez nette ? assez précise ? et se trouvera-t-il des gens pour nier ?

Nous ne le pensons pas même de la part des auteurs de Dictionnaires les plus autorisés. Ils seront seulement honteux de s'être laissé prendre aux piéges grossiers de la Grammaire.

Grammaire et Dictionnaire, tout est à refaire.

Ce n'est pas l'ouvrage d'un jour que d'épuiser cette science.

Nous ne prétendons pas tout expliquer ici.

Notre but est seulement de démontrer la nécessité d'un changement graduel des méthodes d'enseignement employées jusqu'ici.

On a voulu, sous prétexte de l'agrandir, rétrécir le champ d'activité de la pensée humaine. Sans avoir en vue l'une ou l'autre de ces hypothèses, nous avons, dans notre travail, retrouvé enfouies les bornes de ce champ et les avons fait reconnaître dans leurs justes limites, et cette fois on peut bien lire :

NEC PLUS ULTRA.

ÉPILOGUE

On nous a déjà reproché plusieurs fois, à l'occasion de la première partie de ce travail, éditée séparément, des tendances matérialistes.

Nous protestons de toutes nos forces contre un semblable reproche, et nous déclarons bien haut que nous croyons en Dieu et en son révélateur Jésu.

Nous sommes heureux de l'occasion qui nous est offerte de battre en brèche le matérialisme et d'en faire connaître les véritables fauteurs, sans doute inconscients.

Nous allons le faire en quelques mots d'une manière tellement claire, tellement nette et tellement précise, qu'un enfant pourra bien nous comprendre.

Ce n'est point pour le vain plaisir de faire cette démonstration trop facile que nous allons l'entreprendre, c'est parce que nos principes du langage doivent y trouver leur dernière consécration ; et qu'on veuille bien le remarquer, ce sont les principes du langage qui ont toujours amené sous notre plume toutes les questions théologico-philosophiques que nous n'avons abordé que sous l'empire de la nécessité.

Voici notre démonstration anti-matérialiste :

Il est minuit ; l'atmosphère est pure de tout nuage, les astres brillent au firmament de tout leur éclat ; nous sommes deux à contempler ce spectacle grandiose, sur lequel nous échangeons les observations suivantes :

— Croyez-vous que tous les corps sidéraux que nous pouvons découvrir soient de la matière ?

— Que pourraient-ils être, sinon de la matière ?

— Croyez-vous qu'on puisse, même approximativement, en connaître le nombre ?

— Ils sont innombrables ; leur ensemble est, dit-on, un centre dont la circonférence ne se trouve nulle part ; en un mot, leur nombre est infini.

— Si leur nombre est infini, la matière qui les constitue est donc infinie ?

— La conséquence est inéluctable : la matière est infinie.

— Apercevez-vous entre les corps sidéraux un espace au milieu duquel chacun d'eux occupe une place entièrement distincte, malgré leur nombre infini ?

— Je distingue très-nettement qu'une certaine distance sépare tous ces corps.

— Pourriez-vous parler de l'étendue de l'espace nécessaire à tous ces corps ?

— Il est évident qu'un espace où existent des corps en nombre infini ne saurait être moindre que ces corps ; l'espace est donc infini.

— Quelle est la valeur de l'espace infini par rapport aux corps infinis ?

— Cette valeur consiste à donner à ces corps, outre leur casement, le moyen de manifester par les mouvements, la vie dont ils sont doués.

— S'il en est ainsi, l'espace infini est donc une dépendance nécessaire de la matière infinie ?

— C'est l'évidence, et il ne saurait en être autrement.

— Apercevez-vous dans les manifestations successives de leur vie, les corps occupant successivement les parties de l'espace infini que d'autres corps occupaient avant eux et se dérangeant pour faire place à ceux qui doivent les occuper après eux.

— J'aperçois très-nettement ce phénomène.

— Comment appelez-vous cette succession régulière des mouvements qui permet aux astres de quitter à point la place que d'autres doivent occuper après eux ?

— J'appelle cette succession des mouvements la durée ou le temps, et cette durée se renouvelant par les mouvements d'astres infinis, manifestant leur vie dans un espace infini, ne peut être elle-même qu'infinie.

— Si l'espace est nécessaire à la matière pour se caser et se mouvoir ; si la durée est nécessaire à la matière pour éviter les chocs que produiraient des mouvements simultanés, je vous demande quelles peuvent être les conséquences de ces faits si faciles à constater ?

Les conséquences nécessaires de cette constatation sont que l'Eternité, durée infinie, l'Immensité, espace infini, sont les attributs nécessaires de la matière infinie dont elles sont inséparables.

Voilà donc la matière victorieuse, voilà le matérialisme triomphant.

Qui l'a voulu ?

Ceux dont le système fait de Dieu un Esprit pur en dehors et au-dessus de ses créations. — Qu'ils n'essaient pas de s'en défendre, ils n'y parviendront pas ; le langage ne leur offre aucune ressource pour cette discussion ; le langage ne possède pas un mot, entendez-le bien, pas un mot qui ne soit la désignation des corps ou de leurs substances, et ces mots ne peuvent avoir absolument aucune application à l'égard de l'esprit pur qui, suivant eux, constitue Dieu.

Et si en effet l'éternité et l'immensité sont nécessaires à l'existence de la matière, un Dieu séparé ne saurait partager avec elle ces deux attributs nécessaires de la divinité, et la matière reste définitivement maîtresse.

Et nous répétons : Où sont les matérialistes ? Nous pouvons ajouter : Où sont les athées ? car un pur Esprit inadmissible dans la pensée qui ne peut que faire la photographie des objets, un esprit pur inadmissible dans le langage qui ne peut que reproduire les photographies de la pensée, c'est le triomphe de l'athéisme. Encore une fois, qui l'a voulu ?

Heureusement, dans les deux cas, nous n'avons à combattre qu'un faux système, et sa fausseté démontrée, chaque partie va retrouver sa place.

On a dit sur tous les tons que nous avions été créés à l'image de Dieu; on a vu aussi que nous partageons complétement cette manière de voir. Ce n'est certainement pas d'une ressemblance physique que les uns et les autres nous avons entendu parler, c'est évidemment d'une ressemblance de principe.

Or, qu'a fait Dieu dans la création de l'homme? Il a joint d'une manière indissoluble, pendant la vie, l'esprit à la matière, et il a donné la prépondérance à l'esprit sur la matière.

Puisque nous avons été en principe créés à l'image de Dieu, il nous est bien facile de connaître la constitution de Dieu; nous n'avons qu'à considérer la nôtre pour dire :

Dieu est un esprit infini, joint indissolublement à la matière infinie; et du même coup, par cette seule conception, tout s'explique, tout se tient, tout s'enchaîne et tout vient à point : L'esprit de Dieu, chef de son organisme, qui est l'univers entier, rentre par sa prépondérance sur la matière, en possession de l'éternité, de l'immensité, de l'infinité, en un mot, de sa trinité nécessaire; et le langage, notre conducteur, après Jésu, dans toutes ces questions, reprend aussi tous ses droits. Il peut parler de la pensée de Dieu, dont les qualités se manifestent par des œuvres sur la matière, œuvres qui donnent les corps et les substances comme notre pensée se manifeste par des actions en rapport avec ces corps et substances.

Et ce système, le seul possible, comme on vient de le voir, et par conséquent le seul *vrai*, ne peut troubler aucune conscience, ne peut même effleurer aucune religion, puisque la pensée divine ne cesse pas de s'appeler et d'être la Divinité, premier terme de la qualité dont le titre honorifique est Dieu.

On voit que la recherche des principes du langage conduit nécessairement à la révélation que Jésu, notre maître, avait trouvé avant nous dans la même voie, comme la trouveront sans peine maintenant tous ceux qui voudront se rendre compte des vrais principes concentrés dans cette phrase divine :

In principio erat verbum et verbum erat apud Deum, et Deus erat verbum, nihil quod factum est sine ipso factum est.

A la vue d'un os fossile, le grand naturaliste Cuvier pouvait reconstituer l'animal antédiluvien auquel il avait appartenu; il pouvait même parler de ses habitudes, de sa manière d'être, etc.

Il n'est pas besoin d'un talent comme celui de Cuvier pour, avec la seule phrase divine que nous venons de rappeler encore une fois, reconstituer toute la doctrine de Jésu. Nous l'avons déjà reconstituée à l'égard du verbe, nous ne voulons qu'insister à l'égard de la création : *Nihil quod factum est sine ipso factum est :* « Rien de ce qui a été fait n'a été fait sans lui-même. » Voilà la traduction littérale. *Sans lui-même* ne veut pas dire un concours, une coopération, une action, il veut dire : *sans une partie de lui-même.* Toutes les créations de Dieu sont donc une partie de lui-même; c'est une donation, un don que Dieu fait de lui-même, en concordance parfaite avec la première partie de la phrase qui forme un système complet de Dieu-Créateur, corps et esprit.

Aussi en parlant d'un Dogme que nous sommes bien loin de vouloir soumettre à la discussion, on dit : *Se dat suis manibus.* N'est-ce pas une reconnaissance manifeste de l'organisme de Dieu, de son incarnation dans la créature. Un dogme, si sacré qu'il soit, ne peut pas être mis à la place de Dieu qu'il symbolise. On ne peut pas attacher au bout d'une perche la patrie ou le régiment symbolisés par le drapeau; et Dieu, symbolisé dans des dogmes ou des rites, ne peut pas être mis à leur place, ni les dogmes et les rites être mis à la place de Dieu, quoique les dogmes et le drapeau aient droit à tous les respects dus à ce qui fait *l'objet* de leur symbole.

Et voici les rapports du langage avec ce que nous venons de dire.

La métaphysique a disparu ; les mystères sont expliqués, tous les voiles sont tombés, sans que nous ayons eu seulement besoin de les toucher. Tout est rentré, même Dieu, dans nos deux termes du langage nécessairement limités aux objets et substances, et nous pouvons, sans contradiction, dire cette belle prière : *Notre Père, qui* ÊTES *aux cieux*, où l'on ne trouvera pas un mot en désaccord avec l'objet de notre enseignement.

Tel est le but que nous nous étions proposé en commençant ; nous croyons l'avoir atteint, nous promettant de lui donner une consécration plus complète encore dans notre catéchisme grammatical à l'usage de l'enfance, et cela sans dire un seul mot qui ait rapport à la théologie ou à la philosophie et par la seule force des vrais principes du langage.

BAR-SUR-SEINE. — TYPOG. ET LITHOG. SAILLARD.

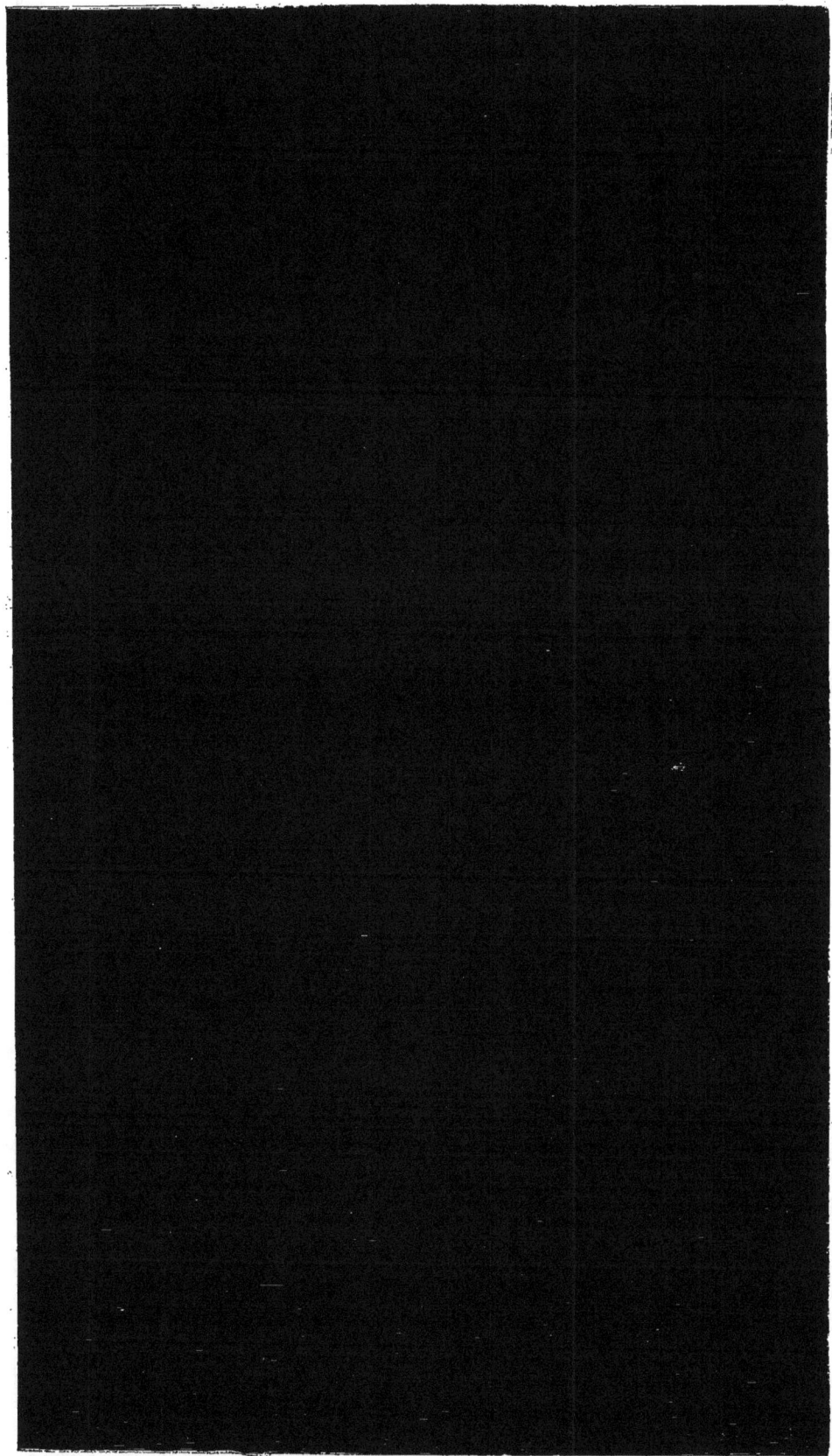

OBJECTIF DE L'OUVRAGE

La Grammaire est la négation d'un véritable enseignement du langage.

Elle tient en état de séquestration la pensée, seul instrument de cet enseignement.

Elle abaisse dans des proportions énormes le niveau des intelligences.

Preuves multipliées et irréfutables de ces trois propositions.

Moyens de soustraire la pensée à la séquestration.

Réparation, autant que possible, du dommage causé.

Exposition des vrais principes généraux de l'enseignement du langage.

Anathèmes ceux qui après avoir lu feraient ce qu'on appelle l'accord des participes.

PROCHAINEMENT

D'APRÈS CES PRINCIPES

CATECHISME GRAMMATICAL

À l'usage de la Jeunesse

Cet Opuscule est à l'Enseignement du Langage ce que fut à l'Enseignement de l'Astronomie la découverte du Mouvement de la Terre.

www.ingramcontent.com/pod-product-compliance
Lightning Source LLC
Chambersburg PA
CBHW060802110426
42739CB00032BA/2411